【世界著名军事院校系列】

ROYAL MILITARY
ACADEMY SANDHURST

英国桑赫斯特皇家军事学院

领导者的摇篮

《世界著名军事院校系列》编写组

·北 京·

图书在版编目（CIP）数据

英国桑赫斯特皇家军事学院：领导的摇篮 /《世界著名军事院校系列》编写组编著. 北京：中国经济出版社，2014．6（2023.8 重印）

(世界著名军事院校系列)

ISBN 978-7-5136-3150-1

Ⅰ. ①英… Ⅱ. ①世… Ⅲ. ①军事院校—介绍—英国 Ⅳ. ① E561.3

中国版本图书馆 CIP 数据核字（2014）第 108380 号

责任编辑　丁　楠

责任审读　贺　静

责任印制　马小宾

封面设计　任燕飞工作室

出版发行　中国经济出版社

印 刷 者　三河市同力彩印有限公司

经 销 者　各地新华书店

开　　本　880mm × 1230mm　1/32

印　　张　4.75

字　　数　86.9 千字

版　　次　2014 年 6 月第 1 版

印　　次　2023 年 8 月第 3 次

书　　号　ISBN 978-7-5136-3150-1

定　　价　48.00 元

广告经营许可证　京西工商广字第 8179 号

中国经济出版社　**网址** www. economyph. com　**社址** 北京市东城区安定门外大街 58 号　**邮编** 100011

本版图书如存在印装质量问题，请与本社销售中心联系调换（联系电话：010-57512564）

编委会

主　编：李志强

副主编：刘　磊　刘奇韬

编　者：赵　丽　辛　倩

郭建科　贾明亮　喻常军

出版说明

自工业革命以来，为适应战争和技术发展的需要，不同类型的军事院校相继建立起来。随着时代的变迁，有的军校已经湮灭于历史长河中；有的则经历了血与火的洗礼，培养出大批杰出的人才，留下一个个动人的故事；有的甚至可以浓缩成国家的历史，最终成为军事名校。

当前，世界新军事变革正如火如荼地进行，针对现代科学技术发展对信息化战争的影响，世界发达国家都纷纷提倡质量建军，将军队院校教育与训练工作列为重点，培养新型军事人才。这些军事名校适应形势的发展，纷纷调整教学内容和手段，以期在新军事变革大潮中留下自己鲜明的足迹。

新时期新阶段，习近平主席对军队明确提出了“能打仗，打胜仗”的要求。为了贯彻这一指示，需要我们去了解、学习外国军事名校的情况，借他山之石、攻己山之玉，从而更好地发展我军军事教育。

为此，我们组织出版了《世界著名军事院校》系列丛书。丛书内容列举了当今几所具有世界影响力的军事院校，从建校历史、招生对象、培训方式、教学内容、特色训练、杰出人物等方面进行全面的阐述。通过阅读本套丛书，期待让更多的青年朋友和军官们了解外军的情况，对我军院校训练与教育有一个对比性的把握，从而增强爱国爱军、当兵习武的责任感。

前　言

桑赫斯特皇家军事学院，伴随着日不落帝国的成长，距今已有 270 多年的历史。

和大名鼎鼎的西点军校相比，桑赫斯特皇家军事学院似乎缺乏足够的全球影响力。但如果说桑赫斯特不如西点，那肯定会让英国人非常不服气。他们会说，第二次世界大战后皇家英军就不怎么打仗，而美国人一直当世界警察，因此，不是培养的人才教学质量不如西点，而是桑赫斯特毕业生的“就业环境”不如西点。我们用“皇家”来冠名，可不是浪得虚名的。

的确，虽然没有西点军校那么名声远扬，但桑赫斯特具有更悠久的历史和更独特的文化，以及享誉世界的领导人才课程。桑赫斯特血液里流淌着的是百折不挠精神、绅士风度、高尚优雅的贵族气质和刚柔并济的教学理念。

在整个中东地区赢得普遍尊敬的，只有英国军队。几乎所有的中东国家军队都是按英国操典创建的。阿曼、卡塔尔、沙特、约旦——许多国家的元首和重要军事将领都毕业于桑赫斯特皇家军事学院。现在英国陆军中 80% 的军官是由桑赫斯特培训的，历史上，英国陆军参谋长多是由该校毕业生担任。桑赫斯特培养过首相丘吉尔和蒙哥马利、亚历山大、海格等 10 多位陆军元帅，以及一流军事理论大师富勒。此外，英国王室也有进入桑赫斯特学习的传统。

桑赫斯特皇家军事学院更像是一位典型的英国绅士，在历经沧桑岁月后仍旧保持自己固有的低调与优雅。

目　录

桑赫斯特皇家军事学院（ROYAL MILITARY ACADEMY SANDHURST），又称英国皇家陆军军官学院，是英国培养初级军官的一所重点院校。学院靠近著名的剑桥大学，位于萨里郡和伯克郡的交界处，占地约 900 英亩，下设老学院、新学院和胜利学院三个分院，至今，已有成千上万的军事指挥官从这里走出。

今天的桑赫斯特皇家军事学院，是在第二次世界大战结束后，英国根据当时的经济状况、战争形势、军事发展需求等，于 1947 年将伍尔维奇皇家军事学院和老桑赫斯特皇家军事学院初级部两所学院合并后改建而成。但了解英国军事历史的人都知道，桑赫斯特皇家军事学院虽冠以年轻的名称，却有着显赫而悠久的历史。

一、学院雏形——伍尔维奇皇家军事学院

被合并之一的学院——伍尔维奇皇家军事学院，筹建于

桑赫斯特建设时期场景

1741年，距今已有270多年，是英国历史上第一所任命前教育学校，一直是培养皇家炮兵、工程兵和通信兵军官的主要基地。当时的学员必须自己支付学费，但毕业后可以不必出钱购买就获得在军队的第一任职，因此这些学员被誉为“绅士学员”。

伍尔维奇学院的教学内容涵盖数学、自然哲学、防御工事、军事地形学、军事历史、法语和德语等广泛科目，其教学水平和学术研究能力都相当高，曾经有三名皇家学会会员在此任教，著名的物理学家法拉第便是在此担任讲师时发现了电磁感应现象。

二、老学院——桑赫斯特皇家军事学院初级部

相比炮兵和工程兵专业，技术性较弱的英国骑兵和步兵似乎一直没有重视对军官的职业教育。直至1789年法国爆发大革命，当英国予以干涉均遭惨败时，猛然觉得建立一所与之相关的军校的重要性和紧迫感。

1799年，当时担任英军最高指挥官的约克公爵在威库比

高地创建了一所小的军官学院，主要为骑兵和步兵部队培养和输送军官，这所小的军官学院就是皇家军事学院。两年后第二分校在马洛成立，成为该校的初级部。1812年，皇家军事学院初级部搬迁到桑赫斯特，成为今天的桑赫斯特皇家军事学院的老学院，也有人习惯称其为老桑赫斯特皇家军事学院。

老桑赫斯特皇家军事学院的学员

早期学校学员训练情景

最初的皇家军事学院办学经费奇少，政府拨给的开支全年仅500英镑，曾一度出现过办学经费靠自身想办法解决的状况。招生人数起初也只有30名左右，教学很不规范，学生没有教科书，只有靠课上记笔记。仅有的两名教员，每天上下午各讲3个小时，近乎满堂灌教学。加之招入的学员年龄、职务和文化程度等存在极大差异，课堂纪律也非常混乱。

由于资金短缺和教员不足，学校常处于半瘫痪状态。尽管学校为了维护正常教学秩序也采取了一些措施，如专设课堂监督官，对那些不守纪律的学员实施关禁闭等处罚，但这种混乱

的教学状况一直到帕蒂森出任校长后才有所改观。

19 世纪 20 年代末，由于反法战争需要补充大量的陆军军官，这给萎靡不振的老桑赫斯特皇家军事学院送来了第一个阳光明媚的春天。国家加大对学院的投资和建设，随着拨款和校舍的增加，学员人数很快由建校时的几十名增加到 300 多名。然而这种势头并没有持续多久，随着反法战争的结束，学院又因国家削减军费和军官职业失去魅力而变得消沉，到 1845 年，在校学员减少至 160 人。

三、战火洗礼——两次世界大战的强烈冲击

第一次世界大战爆发后，世界多国战局紧张，许多机构发展停滞，甚至凋零，然而两所历经沧桑的老校——伍尔维奇和老桑赫斯特皇家军事学院并没有被战争摧毁，而是在血腥四溅的战火硝烟中，随着战争的影响、政治的波动和经济的起伏摇摆顽强地前行着，并执着地捍卫了军校存在的价值和发展的弥坚。其中，老桑赫斯特皇家军事学院在校生曾高达近千人，到 1939 年，几乎有半数以上英国坦克部队里的军官来源于此。伍尔维奇皇家军事学院的在校生也达到 340 人的顶峰。

在第二次世界大战爆发前夕，英国投入战事的经济耗费巨大。由于经费不足等原因，1936 年英国决定将伍尔维奇与老桑赫斯特军事学院合并。然而在此决定实施前，二战爆发了，

■ 1840 年的鸦片战争,当时的英国正处于“日不落”的顶峰,而中国处于封建王朝的谢幕期。一个拥有四亿人口、九十万军队、一千多万平方公里土地的大帝国就被几千名英国士兵给打得惨败。图为英军炮轰广州。

两所学校也都就地解散。随后，老桑赫斯特军事学院为了适应战争的需要，停止了正常招生和常规教学，为部队开办短期军官培训班。学院的马厩改成了车库、坦克库，教官分散到各个培训点，课程则侧重于射击、驾车和体能训练。

随着战争规模的扩大，老桑赫斯特皇家军事学院曾两度遭到德军炸弹的袭击。第一次是在 1941 年 1 月的一个晚上，当学员们就餐后返回宿舍楼时，一架德军轰炸机突然出现在学院的上空。校园内清亮的湖水在晴朗的夜晚无意间给敌机指引了目标，炸弹落在了新建的 C 楼上，5 个学员就此丧失了生命。第二次是在第二次世界大战即将结束时，德军的一枚降落伞薄壳炸弹悄无声息地从天而降，由于落在两个主楼之间，没有造成人员伤亡，但很多建筑物的窗户被震坏了。

尽管如此，德军的炸弹没能阻挡学院的发展。据统计，整个第二次世界大战期间，老桑赫斯特皇家军事学院总共培训出 1.5 万多名军官，为世界反法西斯战争做了杰出的贡献。

四、时代呼唤——桑赫斯特皇家军事学院重建

早在 20 世纪 20 年代，英国曾几次提出过将伍尔维奇与老桑赫斯特皇家军事学院合并的建议，但都遭到反对，其理由是伍尔维奇的学术水平超出了桑赫斯特学生的接受能力。然而随着社会的进步、战争的洗礼、任务的需求，两所军校逐步迈向了同一轨道的发展，可以说，时代呼唤学院重组改建。

第二次世界大战结束后不久，伍尔维奇与老桑赫斯特皇家军事学院合并之事随即启动，学校正式改为陆军桑赫斯特皇家军事学院，简称桑赫斯特皇家军事学院。首任校长是马修斯少将，于1921年进入老桑赫斯特皇家军事学院学习，二战期间担任第52威尔士师师长。

1947年1月3日，组建后的桑赫斯特皇家军事学院正式开学，马修斯校长在开学典礼上激情地说：

> “我觉得很有必要一开始就让大家清楚一点，那就是你们——328位学员在这里开创了一个新的历史。这个历史将被所有陆军官兵牢记在心。你们现在所处的情况和1741年进入伍尔维奇皇家军事学院的学员以及1799年进入桑赫斯特皇家军事学院的学员是一模一样的。他们的优良传统经受住了时间的考验。我希望各位明白，在你们的肩上担负着这所院校的未来前途、优良传统和良好作风。”

可以说，桑赫斯特皇家军事学院自1947年组建以来，就承载了近206年的厚重历史。学院既继承了伍尔维奇笃学、优雅的风格，又发扬了老学院刚烈、果敢的传统，加上所历经的诸多战争，使这所风雨摇曳的古老学院形成独有的教育文化和训练模式。

如同每批钢锭都有其出厂的编号和批次一样，桑赫斯特培养的一批批毕业生都有着极其强烈的胎记。作为英国陆军人才培养的源头细胞，在校的生活是每一名军官永远的信息编码，学院显赫而厚重的历史练就出一批批走向未来战争的“合金钢”。

五、重组后的发展

重建后的桑赫斯特皇家军事学院，优化整合了伍尔维奇和老桑赫斯特的教育资源，并秉承两校的优良传统，肩负为整个英国陆军训练正规军官的使命。

学院学制为 18 个月，每年的 1 月和 9 月进行两次招生。学院设置三个系，每个系有四个连队，分别以 1914 年以前、第一次世界大战和第二次世界大战期间的著名战役命名。学

1972 年前的桑赫斯特

员们在校学习军事和文化两大科目：军事主要包括体能、步兵战术、武器操作、野战工事等，学术则包含科学、数学、语言、历史等。

1955年9月起，学制改为两年，每年分为3个学期。进入20世纪80年代，随着英国学校的集中与合并，陆军军官培训学校和女军官培训学校也被并入桑赫斯特。扩充后的学院在规模、专业等方面都有很大的变化；所辖分院从原来的老学院、新学院、维克多利学院拓展为5个分学院，即新学院、老学院、胜利学院、施里文汉学院和女军官学院；培训专业涉及军事、科技、作战研究和国防事务等多项；学员来源遍及世界70多个国家，近年来中国学员也开始到桑赫斯特学习。

从19世纪起，就有国外的军官在桑赫斯特进行训练。从1947年至今，已有来自70多个国家、4000多名海外军官学员从这里毕业。目前约有10%的学员来自国外，每个学员排编入2~3名外国学员，使他们从各个方面完全融入桑赫斯特皇家军事学院的学习生活之中。许多外国学员后来成为本国的政府或军队首脑人物，如约旦国王侯赛因、阿曼和文莱的苏丹等。

据统计，1947年到1990年这43年中，桑赫斯特共培养出各类军官学员约2.4万名。仅1990年，学院被正式任命为军官的学员就有776名，其中来自海外的56名，占总人数的7%左右；女军官68名，占9%左右；获英国大学学位的有317名。

到20世纪90年代，桑赫斯特军事学院自建校以来的260多年历程中，培养出的指挥人员约占英军的80%。而且，这里出来的毕业生，有的战功卓著，有的战死沙场，有的身居高位，有的海外留名，历史上英国军队陆军参谋长多是由该校毕业生担任。

蒙哥马利说：“一支军队的真正力量来自士气、战斗精神、领导和被领导之间的相互信任，特别是对高级指挥官的信任——以及其他的无形的精神素质。”的确如此，当你走进桑赫斯特，你会被浓浓的军校氛围所感染，这里既有磨炼铁性的刚性教育，也有儒雅高贵的柔性传统，这种刚柔并济的文化促使桑赫斯特一届届毕业生走向军事指挥官的广阔舞台。

一、传承英国军事文化

西方各国由于民族传统不同、国家特点不同、社会精神不同，导致军校文化在遵循一般规律基础上，也各有侧重。如果说法国重视理性，德国重视思辨，美国重视实用的话，英国则重视经验。军校文化就是其中具体的表现，如：有的强调技术，有的强调纪律，有的重视应用，有的强调经验；有的强调献身国家，有的强调个人基础上的国家，有的强调国家基础上的个人，有的则强调二者共生。

英国自16世纪起，便创造了一系列辉煌业绩，先后击败西班牙“无敌舰队”和“海上马车夫”荷兰，建成西至北美、东达南亚、南至非洲的“日不落”帝国，并在英国人心目中形成一种强烈的民族优越感。这种优越感深深根植于英国人的爱国情怀中，也因此形成了英国强烈的经验主义军事文化，即重视自身特有的感知、经验和独特传统。根据屡次遭受海上入侵和海军建设的经验，利用科技领先优势，发扬中世纪以来历次战争、英法百年战争（1337–1453年）、英荷海战等积累起来的军民联防和海上优良传统，在有效防卫本土不受侵略的同时，更好地控制和保护广大殖民地，同时防止欧洲一国独大，用更多的精力谋求财富和发展，成为英国军队建设的指导思想。

经历19世纪所谓的“科学世纪”后，英国习惯性地将现代社会的一切成果和发展归功于科学，即理性化和现代化共同作用的结果，认为军校教育是军队教育的核心与先导，能否通过军校教育培养在科学知识和技术基础上具有实战能力的官兵，决定着军队和国家的未来。因此，英国倾向于强调在比较“宽泛”的意义上，将一切问题，包括领导权、体制编制、组织制度、作风纪律，以及军事科学技术统归于科学范畴，使军校的一切讨论无不以严密的科学论证为前提，并建立在科学尤其是军事科学基础之上；强调在比较“全面”的意义上，围绕不同军官群体职责，建立不同性质、层级、岗位的科学

技术教育体系，运用军校目标、组织、制度、技术、纪律体系全面培养官兵素质；强调在比较“完全”的意义上，以“战争本质是知识和技术基础上艺术的较量”为指导思想，从科学知识、科学技术、科学精神教育的角度，重点培养军校学员的科学观念、态度和作风。

光荣的历史和优良的传统深深地蕴涵于桑赫斯特人的爱国情怀中，桑赫斯特皇家军事学院特别强调发扬“日不落”精神，把“自豪”作为军人核心价值观之一。

桑赫斯特认为，仅仅通过部队训练，传授知识和技术，难以培养军人在战争中的创造精神，更不可能培养优秀军事人才；在知识、技术基础上，将战争作为“艺术和职业”看待，培养学员创造性地解决战争问题的能力，包括热情、思维和作风，是军校教育的本质追求，是军人安身立命所在。因此，强调通过现代民族国家教育培养军人的民族和国家意识，以培养价值理性，解决为什么打仗的问题；通过以服从和纪律为核心的教育训练，培养组织理性，解决军队如何作为一个整体打仗；通过实验、实地演习，以兵种勤务为核心内容，磨炼军人的技战术，以解决军人如何运用武器装备问题；通过严格教育训练，培养军人的实战意识和实战作风，解决军人战争作风问题，是各国军事教育的共同特点和追求。

学院设备齐全，建筑华美，衣食住行优越，注重培养军人高尚品格，重视实验设备建设及保持优势技术。而且，经

常组织学员参观、瞻仰军事博物馆、军事纪念馆、战役纪念塔和烈士纪念碑，开展向无名烈士墓献花圈等活动，以激励学员为国献身。同时，重视面向社会的开放教育，经常组织学员到地方工厂、学校、议会和世界各地参观访问，以达到开阔眼界、修养身心、激发荣誉感、增强责任心的目的。

二、为领导人才服务

自 1947 年重建起，桑赫斯特的校训便是“为领导人才服务”（serve to lead）。其教育训练的目的是：使学员全面了解自己所从事的职业以及所担负的责任，培养基本的领导和管理才能、纪律观念和责任感，培养合格领导人才，并为军兵种年轻军官提供所需的基础知识，以使他们适于担任初级指挥官。

在这样的指导思想下，桑赫斯特始终奉行把“忠诚”“自豪”“坚定”六个字作为军人的核心价值观，并特别重视培养在校学员要珍惜英国人历史上创造的辉煌业绩，要发扬这个曾举世无双大帝国的“日不落”精神。教导每一名学员要效忠英皇，无条件承担义务，学习贵族王室自我牺牲和相互信任的精神。

其中，“自豪”是桑赫斯特学员的一个共同特征。强烈的民族优越感深深地蕴涵于桑赫斯特每一个人的爱国情怀中。学院毕业生丘吉尔曾说：“英吉利民族在探索世界各个角落的

■第一次世界大战时的英国，处于“日不落”的衰弱期，面对德国的崛起，已经力不从心，靠与法、美等同盟，才勉强打败德国。图为英军榴弹炮向德军阵地实施炮击。

活动中，简单地说，在多次环球航行方面，胜过任何国家和民族。”在第二次世界大战期间，在法国败降和苏美参战前的关键时刻，英国凭借其英勇顽强的民族精神顶住了德国的进攻，桑赫斯特的学员们也做出了杰出的贡献，这一切都彰显了英吉利民族的自信。

为了培养学员坚定、勇敢、无畏的精神，学院常常组织在冬天野外宿营，在夏天进行非洲探险。其中，国内外长途拉练更是一大特色。1976 年，全校 517 名学员和工作人员在英联邦国家和欧洲大陆进行了 26 次拉练、12 次巡航和 9 次探险。到目前为止，桑赫斯特的学员们已经到过北欧的冰岛和挪威、西欧的法国和荷兰、非洲的肯尼亚和埃塞俄比亚以及亚洲的印度和尼泊尔等十多个国家。这些拉练使学员们在陌生环境的适应、意外险情的处理和艰苦条件下的生存等方面受到了很好的锻炼。

此外，桑赫斯特丰富的文体活动在发展学员的领导能力和团队协作精神、培养取胜的信念和保持身心健康方面发挥重要作用。学院要求每个学员都要培养对一种运动的兴趣，以便就职后能组织士兵活动，提高组织领导能力。

三、具有贵族风范

当 19 世纪欧洲其他国家仿效普鲁士，开始向军官职业化迈进的艰苦跋涉时，英国由于历来的贵族制度，因而强烈谴责了普鲁士的军官选拔制度,要求“英国军官首先应该是绅士,然后才是军官”。甚至一直到1871年,由于普鲁士军官队伍树立了一个高效率的、有说服力的榜样,英国国会才终止英军军官实行的买卖军衔制,从而开始在功绩和资历的基础上选举和提拔军官。在1815年,贵族出身的军官占军官总数的1/2,而到1860年则下降为1/3,这个比例一直维持到第一次世界大战前夕。

然而相比世界的其他军校,贵族风范在桑赫斯特的学员身上体现得更为明显。走进校园,随处可见,学员间彬彬有礼,相互间很少有摩擦,甚至连口角都没有。同时,学院对学员仪表的要求近乎苛刻,即使野外拉练或演习,鞋油、鞋刷也是包裹里的必备品。桑赫斯特的训练和演习强度世界闻名,但学员每天仍要花差不多2个小时擦皮鞋,1个小时熨衣服,否则就会因衣冠不整而挨批。因此,桑赫斯特的学员,给人的第一印象就是:有礼貌、有教养、有责任感。平时学员们

学员正在互相整理衣冠

队列训练

总是军容整齐，姿态端正，学员的着装从里到外，从上到下，一律是制式的，没有一个人随便穿戴自己购置的衣帽靴袜。

或许有人会奇怪地问，这样搞形式会不会是浪费时间，对部队战斗力有什么好处？其实，桑赫斯特重视的并非虚荣的礼数，而是传统文化中所蕴含的强大精神力量对学员的熏陶，因为这种贵族化的风范使他们既能感受到军人至高的尊严和高超的品行，又能产生无上的荣誉感和责任心。试想一下，当学员们身着统一服装进行队列训练，打着旗号，高奏鼓乐，队伍按节奏操练快慢不同的步伐和变换各种队形，旁边不时响起掌声和人们的赞叹话语时，那是一种怎样的团队意识和荣耀啊！

四、崇尚求实精神

别看桑赫斯特非常注重培养学员的贵族气质，但更加注重培养他们的务实精神。课程设置上，强调把学知识与增长能力紧密结合起来，专业课的理论讲解时间为 1/3，实践课则占 2/3。其中，把指挥专业学员的能力结构区分为勇敢、毅力、创见、知识、正直、自信、热心、表达等若干种实际能力，分别加以训练。在学制仅九个月的情况下，仅表达能力一项就分配了 53 个学时，内容包括让两个学员在教官的督导下交谈对某个问题事件的看法，充当电视记者进行采访等。

学院日常除了遵循传统礼仪的晚宴外，其他活动对开支的要求却低得离谱。比如举办运动会，就是利用平常训练时间，分组进行比赛，有专人组织和记录成绩，优胜者事后发奖品，活动的开闭幕式、文艺表演、领导讲话等一律全免。每年一度的毕业汇报演出，也没有繁复的典礼，就是大伙聚成一圈，表演准备好的小节目，从校长到学员都站着围观，官兵同乐。

在邀请国外学者来做学术讲座时，接待的标准给人一种“简单吝啬”的感觉。通常情况是，午餐时，院方带授课学者来到学院餐厅，点上一份三明治和一杯咖啡，简单得几乎没有什么选择的余地。虽然如此，餐厅里的人却都谈兴很高，甚至会就某个问题产生激烈的争执。在这里，似乎就餐并不重要，没有人会有将接待标准与热情好客相联系起来。重要的是大家可以利用短暂的午餐时间彼此交流，分享学术信息和学术观点。

这种作风还表现在对事物的评价上。桑赫斯特对历史上战斗力一直很强的德军评价很高，却对长期结盟的法军嗤之以鼻，暗讽其是只会投降的“白旗军”。学校对待学员都一视同仁，唯一的评判标准就是考核成绩。一些家世很好或怀揣名牌大学学历的学员，如果训练跟不上，一样会被人轻视。

一次负重训练，当一名体能较弱的女学员掉队时，几个男学员不但没有发扬绅士风度，反而抱怨地说："她这样也能从桑赫斯特毕业？还跟我们一届，真是丢脸。""别人会以为桑赫斯特就这个水平，我觉得悲哀。"

五、追求荣誉

桑赫斯特十分注重学员集体荣誉感和职业道德意识的培养。学员无论走到哪里，都有很明显的特征：整洁的仪表、文明大方的举止、闪烁着荣耀的桑赫斯特皇家军事学院的校徽。校徽呈圆形，底色为红色，"桑赫斯特皇家军事学院"一排黄色大字呈放射状排列，圆形图案上端有一顶金灿灿的皇冠，象征着权力与荣耀。圆形图案下端是一条飞扬的白色绶带，上面醒目地写着"为领导人才服务"（serve to lead）。一位毕业生曾说："皇家军事学院的校徽让我感到荣誉、权贵和责任。"

桑赫斯特皇家军事学院校徽

为了让学员崇尚荣誉、珍惜荣誉，学院用著名战役、战队发祥地和著名将领的名字来命名房屋、道路以及学员连队，目的是使学员在不知不觉中感受到潜移默化的传统教育。如以桑赫斯特毕业生，后来成为英国首相的丘吉尔名字命名的丘吉尔大楼，以桑赫斯特军校第一任校长马尔尚名字命名的马尔尚大厅，以英国参加过的最值得骄傲战役名称命名的滑铁卢学生连，以及用最早女子军校的诞生地命名的爱丁堡女生连等。

学院中摆放的旧时战利品

六、美化校园景观

桑赫斯特各个学院的楼群有着不同的建筑风格和特色，巧妙地将英国皇家陆军的历史、传统和赫赫战绩以及殖民地文化有机地结合起来，使学员在其中既能享受到校园环境的愉悦，又能感受到作为一名皇家军官的荣耀。

有人说：桑赫斯特校园的建筑群及其装饰品、陈列品，犹如一座古今结合的军事博物馆，使一批又一批学员从中吸取所需知识与力量，熏陶出众多的优秀毕业生。

1. 古朴的老楼区

桑赫斯特老楼区是1801—1812年间设计和施工的，并于

学校校区

后来修补建成。楼区一层多为会议室和学习教室；上层为连部办公室、连军官室、学习教室、罗马天主教堂。也有部分学员宿舍在楼内。

学员们认为老楼区是记载桑赫斯特历史的一部书籍。他们说："历史书有表情，能知喜怒哀乐，兴盛屈辱；历史书有生命，可以思接千载，视通万里；历史书有温度，能感知忠诚与背叛、光耀与沉沦。今天的我们，通过不断地品味历史，读懂昨天，感知今天，迎接明天。"因此，老楼区也被称为桑赫斯特最壮观的楼群。

老学院与滑铁卢战役

在桑赫斯特皇家军事学院几个分院中，老学院因存有滑铁卢战役战胜拿破仑的纪念厅和物品，尤其显得神圣和珍贵。1815年6月18日爆发的滑铁卢战役，因英国威灵顿打败法国

滑铁卢的战利品

一代天骄拿破仑而永远载入英国陆军的历史，这震惊世界的显赫战功无声地激励着桑赫斯特的一届届学员，永不停息地追求更高的目标。

2. 典雅的新楼群

红砖结构的新楼群始建于1911年，是桑赫斯特的学员宿舍。楼群在建筑风格上具有印度新德里特色，主走廊是英国最长的长廊，镶嵌着各种装饰品；楼门入口处竖立有两门“虎头”大炮，室内及墙上装饰着精致的银器、图画精品等。

新楼群典雅、现代的建筑风格，镶以战事留下的纪念品，让进进出出的学员时时感受到桑赫斯特的历史深邃与教育宗旨。

隆伯格石纪念碑

矗立在学院新大学广场边缘，在军官食堂的对面，是第二次世界大战结束时，战功卓越的蒙哥马利元帅接受德国北部投降的珍品，于1958年迁到桑赫斯特。

1945年5月3日，由海军大将冯·布莱德雷领导的德国代表团抵达德国北部的黑克林根，与盟军总部司令部的指挥官——21集团军群的伯纳德·蒙哥马利元帅讨论投降条款。英国要求部署在德国西北部、荷兰、丹麦的德国军队全部投降。第二天，德国同意。蒙哥马利选择吕纳堡·希斯地区一座称为“泰姆洛伯格山”的地方作为最终受降地点。

1945年5月4日下午6点，受降仪式开始。第二天上

隆伯格石纪念碑

午8点德国北部的战争全部停止，几天后，第二次世界大战欧洲战事随之宣告结束。后来陆军元帅蒙哥马利称“泰姆洛伯格山”为“胜利山”，并在山上竖立着一座用青铜铭文记录投降过程的纪念碑。

1958年，在英国军队将隆伯格移交给德国军队之前，蒙哥马利抚摸着那座遭受破坏后又被重新竖立的充满沧桑的丰碑时说道：“这碑上的所有记录都值得人们喜悦。”

丘吉尔大楼

丘吉尔大楼区于1970年建成，是以曾任英国首相的温斯顿·丘吉尔的名字命名的。建筑风格典雅、现代，其设计师戈林斯、梅尔文、瓦德和巴特纳等荣获了建筑学会奖。

丘吉尔大楼

大楼包括壮观的丘吉尔大厅、维克多

利学院的东楼区和桑赫斯特学院的校部办公区等。

丘吉尔大厅，被人们亲切地戏称为英国军队最大睡袋。这是一个由温斯特·丘吉尔爵士命名的可容纳 1200 个座位的阅览室。1970 年 6 月，由他的女儿克里斯托弗尔·索姆斯女士宣布启用。

丘吉尔大厅外侧矗立着一辆英国陆军的主战装备——百夫长坦克。百夫长坦克是英国于第二次世界大战末期开发建造的，设计优良，服役较久，可以容纳 4 名机组人员，配置 105 毫米主炮，劳斯莱斯的引擎提供它 22 英里时速的澎湃动力。尽管没能赶上二战的战斗，但它却备受多国的青睐，是西方国家在二战之后服役国家最多的坦克，朝鲜战争、越南战争和中东战争，特别是赎罪日战争，成了它光荣的回忆。以色列军第 7 装甲旅在戈兰高地用 100 辆改进过的百夫长坦克击败了叙利亚军 600 辆 T-55 和 T-62 的进攻，这卓越的战绩永久载入历史。

中央图书馆

中央图书馆被誉为“学院的心脏”，藏书约 15 万册，是桑赫斯特普及精神文化的主阵地，也是学员们博学知识、崇尚荣誉的宝库。

馆里藏有许多纪念战役的油画和礼品等，墙壁上还专门悬挂学院优秀生的名单。这些优秀生均被授予过维多利亚十字勋章、荣誉剑和其他礼品。

桑赫斯特的办校宗旨是：使军官学员全面了解自己所从事的职业及担负的职责，培养学员基本的领导和管理才能、纪律观念和责任感，提高学员的身体素质。而且学院认为：进入信息时代，军人的含义随之发生了变化，军官必须由社会上最杰出的人才来担任。为培养复合型、杰出的陆军军官，学院在继承和探索中形成了多元化的教育机制。

一、担负神圣光荣的使命

学院将自己的任务使命描述为：通过军事教育和训练，发展陆军军官第一任职所需的领导才能、意志品质和聪明才智。

（1）培养在困难和危险环境中以自己的勇气、意志和个性采取坚决果敢的行动完成任务的指挥官；

（2）培养指挥官正直的品格、勇挑重担的勇气、勇于自我牺牲和相互信任的精神，由此提高指挥官的行为水准，以保证军事行动的有效性；

（3）使军官学员学会从指挥官的角度思考问题、进行交流，培养军官对士兵的深厚感情，懂得深切关心自己的部属；

（4）为英国军事理论的发展奠定基础，充分理解军事理论在各种类型冲突中的重要价值；

（5）鼓励军官学员进行战略分析和战争研究，使其成为军事思想和军事智慧的基础；

（6）培养军官学员的基本军事技能，养成遵守军人纪律的习惯。

在这样的教育理念下，桑赫斯特皇家军事学院的入校训练，并不像美国西点军校那样的“野蛮”，而是在保持英国绅士风度的前提下，使学员从老百姓向军人转变。如新学员入学后前5周的生活排得满满的，几乎忙得抬不起头，目的是使自己由老百姓变成军人，组成一个群体。最初的标准是学会理发、擦皮鞋、换装、清扫房间，还要接受不断的检查、训话等。一直要到5周后，学员才会感到稍微轻松些。然而体育训练、智力考核，也是非常严格的、多样化的，既有在教室的听讲、运动场的锻炼，还有在各种地形、不同地区的野外演练。

桑赫斯特通过这一切造就新一代军官。毕业检阅之后，军官学员则成为正式军官，开始军旅的新生活。

二、采用不拘一格的录取方式

与大多军校不同的是，桑赫斯特每年招收新学员 3 次，每次招收约 250 名学员，其中 40 ~ 50 名为女性。招生范围主要是中学毕业生，年龄在 17 至 28 岁之间的地方大学生、社会青年、部队士兵都可以报考该学院。个别学员从陆军士兵中直接选拔（每年仅招 5 名左右），另有少量学员为韦尔贝克学院（培养军事技术人员，1953 年建立）学生。此外，印度、新西兰等英联邦国家的学员也占一定比例。

学院的录取方式严格而奇特，共分三步挑选新学员：

第一步，在全国各地设立招募站，提前进行鼓动宣传。具体是：通过退役军官（士官）向全国的优秀青年介绍军官的优越性以及成功的条件，并为问津者提供各种咨询，解除他们对军人生活的疑虑，目的是吸引社会上有识、有才、有志的青年报考军事院校。

第二步，选派联络官去地方大学进行考察。主要由较老资格的军官每两三个月到大学考察一次，从学业、身体、气质、爱好、个性等方面挑选能成为优秀军官的毕业生，并鼓励和推荐他们去报考军校。

第三步，国际部评选委员会对应试青年进行考核。其考核方法非常新奇，没有文化笔试，因为文化分数在桑赫斯特已不作为录取条件。至于测试内容，则多达百余项，侧重于考察学员的入学动机、领导能力和发展潜力。内容主要包括体能测试、心理测验、不同领域专家的面试、做出任务计划及解决实际问题等。比如，把几位素不相识的考生集合在一起，指定一名当指挥员，要他组织大家利用就便器材实施渡河，目的是考核该生当指挥员的组织指挥能力，同时考核被指挥者的团结协作精神；再就是进行限时间的负重越野测试，只有爱好体育运动、体质强壮、意志坚强、毅力出众的人才能被选中；此外，还有关于重大国际政治问题和内政问题、命题作文、忍耐力等考核。

学员进行衣着整理

女学员在学院内随处可见

另外，对报考者的体力也有相当严格的要求，参加入学考试者必须在两分钟内完成至少 50 个仰卧起坐，在 10 分半钟内跑完 2.4 千米。招生人员通常还与考生本人、家长、地方学校或部队代表面谈，多方面考查考生的智力、身体、领导才能等情况。经过层层选拔，最后被总考官确定录取的只是少数幸运儿。

2000 年，桑赫斯特计划招生 800 名，但实际从 11000 名应试者中只录取了 730 名，录取率仅为 6.6%。

三、设置层次分明的理论课程

为了培养不同层次、不同职位的军队人才，学院设有预科班、标准军事班、正规职业军官班、大学毕业生标准军事班、妇女军官班等。课程设置有标准军事课、正规职业军人课、标准研究生课、皇家妇女队课和罗阿伦连课等 5 种，同时还为专业兵、地方军、志愿后备役军官开设了一些短期课程。课程包括军事学科和普通学科两部分。1972 年学校教学全面改革后，课程设置更加突出军事。到 1976 年初，标准军事课程和正规军官职业课程由 12 个月增加到 14 个月。

1. 新学员的标准军事课程

标准军事课程是新生的必修课程，学制 28 周，分两个学期授完。主要学习步兵小分队战术、识图用图、通信、武器操作及使用、队列、三防、急救、后勤、组织指挥以及语言表达能力。从正规部队招来的士兵和从地方招来的中学生，在学习标准军事课之前，还必须在陆军教育学院训练班先接受 5 门普通教育课程和 2 门高等教育课程的专门学习，才能获得进入皇家军事学院的文化资格。

2. 标准研究生课程

标准研究生课是专门为从地方招收的大学毕业生开设的，

学制 28 周。课程的教学大纲与标准军事课程相同，毕业后不必再学习正规职业军人课程，即被授予中尉军衔。

3．正规职业军人课程

正规职业军人课程是为在皇家军事学院学习并在毕业后到部队任职 2 ~ 4 年的军官或在部队任职期间决定转为终身服役并获得推荐的军官开设的，学制为 24 周。

课程主要内容是:战略研究、民主社会与军队、军事技术、法语或德语、语言表达等。目的在于使正规军官对其职业有一个广泛的认识，提高他们出谋划策水平和表达能力，使他们接近或赶上大学毕业的军官，为其以后的发展打下坚实的基础。学完正规职业军人课程后，经文化考试合格的军官必须进入施里文汉皇家军事学院或地方大学继续学习，以取得学位；文化考试不合格的则转到特别训练班学习，待达到必要标准后才能任职。

4．皇家罗阿伦连和妇女课程

罗阿伦连课程是专为未能完全达到正规陆军遴选委员会规定的入学标准的部队生开设的预科班，学制 12 周。

妇女大队全部招收女学员，为能充分利用该学院的教学设施，1980 年并入桑赫斯特皇家军事学院建制，1984 年起开始招收女生。教学大纲的主要部分与男学员相同，着重培养女学生的领导才能。

■第二次世界大战时的英国，国力遭受极大地削弱，已经丧失了世界舞台的中心地位，从此处于美国的“小伙伴”地位。图为 1944 年美英联军在诺曼底登陆，使德国陷于两线作战，极大地加快了第二次世界大战的进程。

5. 就职课程

就职课程安排共44周，分为三个学期，每学期14周，分别始于9月、1月和5月授课。学院每期招收270人，编排三个连，每个连又分为三个排，每个排30人。学员连由一名少校指挥，学员排由一名上尉指挥。桑赫斯特的学员连按照英国陆军所参加过的著名战役命名，目前有8个就职课程学员连。

44周就职课程的主要目的就是通过培养学员们的性格，智力和专业技能，从而提高他们的领导力，通常由陆军军官遴选委员会来判定学员是否具有领导潜能。

在课程结束后，一个新的士官将有资格领导和管理学员，而同时他必须坚守以身作则、无私奉献、尊重他人、忠诚、诚信、遵守纪律和勇敢无畏的英国陆军核心价值观。

以前的桑赫斯特绝大多数学员都是民办学校毕业的，而现在50%以上的学员都是得到国家资助的，约90%持有大学学位。通常每个排有1位女军官。

不管这些学员以后将成为团长还是军长，军事训练都是他们训练的基础，所以，只有掌握了这个核心技能，才能参加学院之后安排的更加专业的训练。

总体而言，就职课程的核心目标是：

（1）培养指挥官的勇气和毅力，使他们能在困难和危险的情况下仍能果断行动；

（2）培养他们比普通军官更加突出的正直、无私和忠诚度；

（3）教会这些学员如何以指挥军官的身份思考和交流问题，并培养其浓厚的兴趣爱好和个人情怀；

（4）巩固军事训练在英国军事学说的基础地位，凸显它在各种冲突中的重要性；

（5）鼓励对战争和战略进行分析，因为这种分析是产生军事思想和军事智慧的基础；

（6）培训学员作为军官的基本技能和作战准则。

第一学期：第一阶段的课程安排十分紧凑，几乎没有空闲的时间。课程涉及：领导力、战术、识图用图、野外生存、武器操作、军事演习、体能训练和个人的管理，如熨烫、擦鞋和整理房间。课程的重点是培养团队合作精神和树立自信心。

毕生的友情往往能将个体铸造成一个坚强的团队，团队中大家互相帮助，以便通过该阶段的高强度训练。在第 5 周结束的时候，就会有一个名叫“通过广场”的障碍科目训练，通过该科目后，就会有一个难得的周末。两天的休息之后，随之而来的是在威尔士进行的最具挑战性的体能训练，36 小时内在崎岖地区长途行军。

接下来这个阶段课程是桑赫斯特独有的课程，所有的上士、中士和士官都将参与这个训练，用他们已有的专业知识来开发培养核心军事技能。因而学院十分重视这个阶段的课程，都是挑选最优秀的教员来授课。

14 周的课程结束后，有 3~4 周的休息。接着所有学员都要参加为期 1 周的历险（冒险）训练。通过了这次训练，他们就能在第二学期末独自组织和领导历险（冒险）训练。

第二学期：第二学期一开始，学员们就将离开老学院，由排长、中士或者上士来接管，这个变化预示着他们将蜕变成军官而不再是新学员。

这个阶段的课程更多偏重于领导力、主动性和军官角色方面的训练。学员们将花更多时间到素有桑赫斯特学术大楼之称的法拉第大楼学习，在那里，他们将学习常规战争、国际事务和领导心理学，与此同时，他们还要参加大量难度极大的实地演习。

在这个学期，学员们还需最终决定他们毕业后加入哪个部队。他们必须将选择范围缩小至 2~3 个，如果他们申请加入陆军航空队，那么将面对十分严苛的体检。

第 12 周开始录取面试工作，在这个学期末大部分的学员就知道学习结束后他们将加入哪个团或是哪个军。在这个学期，学员们需要详细规划历险远征训练，如攀岩、潜水、帆船、滑雪、登山、徒步旅行、跳伞等，任何历险远征训练都有可能被设计规划进去。

第三学期：本学期学校会给学员更多责任，学员们需要自我动员和自我组织，保持健康，安排体育活动，并策划筹款活动，如慈善舞会。

第三学期学习重点不再是常规战争，而是不同类型的非

战争军事行动训练，如打击恐怖、维护和平。

同样，学员会参加苛刻而真实的实地演习，其中包括实弹射击。短短几周内，他们中的一些将被分配到英国、盟国或北约。离开桑赫斯特半年左右，在最终成为带兵排长之前，每个人都将参加相关的年轻军官培训课程，根据自己选择的部队学习相关纪律与制作课程。

最后一个学期结束时，他们需归还所有衣物和装备，打包好行李，领取最后几套新制服，并为参加世界著名的桑赫斯特皇家军事学院阅兵仪式而做准备。他们的家人和朋友，从世界各地纷至沓来，会踊跃地加入这个盛事，这标志着在桑赫斯特艰难却又极其充实的一年学习生活结束。之后女王委员会给所有的毕业学员颁发荣誉奖，庆祝他们即将成为英国职业军官。

6. 轮训课程

除作为学院主体任务的就职课程外，桑赫斯特还开设部分轮训课程，主要包括：为现役军官从尉官晋升到少校前开设的指挥与参谋业务课程；每年为地方大学预备役军官训练团开设的为期 2 周的大学生假期军训课程；为刚入伍的专业技术军官开设的军事训练和军队基本知识课程；以及为准备派往地方大学学习的特种部队预备军官开设的初级指挥课程等。

7. 国外学员的训练

国外学员在进入桑赫斯特前，可以到国防语言学院参加长达13周的语言培训课程，以提高他们的英语水平。一旦他们到了桑赫斯特，就必须在各方面融入学院。就职课程中一般至少有两个或三个国外学员。

学员接受理论教育课堂情景

为了更好地满足国外学员的需求，针对他们语言和文化的差异，学院开展了语言和学术文化博览会，确保学术课程讲授的效果。

国外的学员在学院享受不了任何特权，除了语言和文化的差异，他们还必须适应英国的食物和气候，因此在课程结束后，他们一定会带着强烈的成就感参加阅兵式，每次阅兵的一大亮点是将久负盛名的海外剑颁发给最优秀的国外学员。

以上的理论课程基本上都是由学院的三个学术系承担：防务及国际事务系、战争研究系和沟通研究系。学员通过理论课程学习当前英国的防务政策等时事，了解影响防务政策的经济和社会因素；学习英国军队的发展、指挥战争的原则以及基本做法；学习必须具备的书面和口头沟通能力、谈判技巧以及如何与媒体进行交流。所有的课程都以小班进行，采取研讨和授课两种形式。

这其中，军事课程由学院的军官或文职人员教授，包括武装技能、体能和通信三个独立的训练内容。武装技能课程以步兵排为基本单位，并以步兵连为单位进行诸兵种合同战术训练。此外，学员还要学习军队组织和行政管理，以及军事历史等课程；体能素质训练课程除了使学员的身体素质达到高标准以外，其目的还在于培养学员组织和指导部属进行身体素质训练的能力；战场通信能力被看作是领导能力的一项核心内容，桑赫斯特的学员都要学习使用最新的无线电装备，掌握这项战场上的关键通信技能。

此外，学院还经常组织智力竞赛和各种专题讨论会，为学员实现知识与能力的同步发展创造条件。

四、重视实战能力训练

桑赫斯特十分重视学员的实战意识。他们评价一位军官，不仅看他占有多少知识，而且看他是否具备作为某级军官的能力。教育训练强调为上战场做准备，突出实战，内容设置上要求与部队作战训练需求尤其是正在进行的实战需要紧密相关，并不断更新。近年来，为适应伊拉克和阿富汗作战需要，学院增设了维和行动概论、军事介入原则、维和行动情报学、传媒研究等课程，突出应对多种安全威胁的实用技能培训。

军用训练基地设施较完善、使用效率较高，桑赫斯特每次野外训练地点大都是军用训练场地，地形地貌都比较有特

学员接受军事训练

色，非常适合作战训练，而且在一定范围内建有坚固的房屋作为后勤补给场所。每次野外训练都能看见其他部队在此区域训练，有军用直升机、运输机及战斗机飞过训练基地上空。

桑赫斯特教学训练中，所用的武器装备、补给标准和考核要求等，与英军作战部队步兵排完全相同。且通过设置逼真的实战环境，赋予学员各种行动任务，让学员轮换担任角色和领导职务，使学员经历各种压力和危险考验，培养锻炼学员应对和处理各种复杂局面的能力。学员在恶劣天气环境、少睡眠多任务、心理体能多重压力下，始终保持清醒头脑参与及指挥作战。

中国学员在桑赫斯特的留学感受：关键是实战意识

近年来，随着中外军事交流的增加，已经陆续有中国军校学员在桑赫斯特皇家军事学院学习，他们回国后接受采访时共同的感受是：关键是实战意识。

问：在桑赫斯特留学，最大的收获是什么？

学员：危机意识和作战意识有较大提升。国内所处环境相对平静，总觉得战争很远，我国军校学员的危机感不强。在桑赫斯特，大多数教官都有丰富的实战经验，一切施训和演练均遵循战场的要求与标准。

问：举例说明。

学员：在桑赫斯特，曾目睹教官训练布雷、排雷，触动很大。他们完全就是拿真雷来练，操作手身着全套的排雷装备，除了小刷子、小镊子等，手上还佩有防静电的避雷针。每一个动作都精准规范，每一个细节都做到极致。在这种环境下，学员的实战水平想不提升都难。这种训练水平是拿任何一种模拟器材都练不出来的。当然，并不是说我们都要去参加实战。我想说的是，对长期处于和平环境中的中国军校学员来说，必须要有更强的危机意识、实战意识，不要忘了，军人是要打仗的。

问：桑赫斯特的实战化训练、高淘汰率，以及和外军同台竞争，这对你们有哪些具体影响？

学员：实战化训练的标准、来自一线部队的真实案例和桑赫斯特高淘汰率制度，将危机和作战意识内化为了一种习惯与态度。很多外军学员都经历过战争，知道其残酷性，学习训练的主动性很强，这就是无形的竞争压力。高淘汰率制度也迫使你只能向前不能倒退，只有发奋不能松懈。在外在制度约束与内在使命意识双重作用下，你会用崭新的态度去工作学习，学习训练的主动性大大增强。

亲身体验燃烧弹

五、关注领导力的培养

桑赫斯特前校长戴维·卢瑟福·琼斯少将曾说："我们如此关注领导力是因为风险很高，我们别无选择。"他认为，在正常情况下士兵90%的时间会服从命令，但在非常恶劣的环境下，他们还会不会服从呢？在第一次世界大战期间，很多士兵就没有服从命令。英军有个违令士兵纪念馆，他们都被处决了。因此，琼斯表示，领导力加强了，就是要培养团队内部的凝聚力，从而在时机到来时，士兵们能随时服从命令，即使在个人面临极大危险的情况下。

桑赫斯特领导能力的培养贯穿于学员在校生活的始终，军事课程、理论课程、文体活动都围绕着培养学员领导素质这一中心任务进行。而且，很多领导能力方面的课程内容很多很丰富，院长甚至亲自讲领导能力方面的讲座。一位院长说根据他的个人体会，作为一个军官应该注意以下七点：专业知识（professional knowledge）、领悟力（intellect）、判断力（judgment）、意志力（willpower）、信任（trust）、交流能力（ability to communicate）和无私奉献精神（selfless commitment）。最后院长总结“Do as you ought, not as you want.”（做你应该做的，而不是你想要做的。）

琼斯少将认为，今天士兵们面临的威胁已经发生变化，这使桑赫斯特对领导者应做些什么的观点也必然发生变化。“今天，威胁是看不见的，是来自全方位的，它们不再像两次世界大战时那样是线性的。你看不到它们，不知道它们会从哪里冒出来，每个人都可能受到伤害，因此每个人都必须是优秀的，从士兵开始。我们所有的军官都需要领导技巧来应对这种情况。”在桑赫斯特里有许多关于价值观的课程。琼斯少将表示，桑赫斯特的核心价值观是“勇气、诚信、无私奉献、纪律最好是自律”。教员们要求学员考虑这些价值观在今天意味着什么，以及为什么它们对军队是重要的。“它们是在困难时刻将我们团结在一起的黏合剂。”

除“领导才能”的课程外，所有的教育和训练都从不同角度培养学员的领导能力，并贯穿于一年教学训练的始终。将指挥能力、交流能力、职业能力、智力水平、领导能力、价值观及标准、影响力、应对压力、决心、团队精神等十条标准，作为各项教学训练活动质量评价和学员考核的依据；将学员置于艰苦复杂的环境下，不断赋予学员艰巨任务，强调培养学员在面对压力及必要条件不完全具备的情况下，迅速对问题做出分析、判断和行动的能力；将外国学员与本国学员混合编班一起受训，让学员学会不同文化背景下的交流与合作，重视团队与团队之间的竞争，个人表现与团队的奖惩紧密挂钩，激励学员去做原本未必愿意做的事，而且要做成功。

接受野地实地训练课堂

总之，桑赫斯特围绕“为领导人才服务”的校训，教官会教导学员思考自己的风格是什么，如何走上领导岗位，怎样才能影响团队。并采取多种方式训练学员运用领导者的技巧去完成一些困难的事情，磨砺学员在最具挑战性的环境下能按上级的要求去做，最终发挥影响力。

六、选拔部队优秀军官（士官）担任教官

学院从事军事训练和学员管理工作的教官（士官），几乎都是从占英军 10% 的优秀军官和士官中层层选拔出的超级精

英，而且大都有丰富的实战经验，其中约 60% 的教官来自阿富汗战场或曾在阿富汗战场服役。担任学员排长的上层军官，均要求具备作战经验、服役满 6 ~ 8 年。而担任其助手的士官，则须有 10 ~ 17 年从军经历，其中许多军官来自空降兵等特种部队。现任院长就是从英军三军联合作战指挥司令部调入，2005 年在伊拉克战争中获得过勋章。

别以为这些老兵只是些实战经验丰富的“大老粗”，他们所任的职位都是经过专业资质考取后上任的。学院体能训练的教员，几乎都是由来自陆军体能训练部队的教官担任，这些教官不少来自特种兵和空降兵，且取得了体能训练的资格认证；从事武器、装备教学训练的教官，主要从部队优秀的专业士官中严格挑选。学院不负责对来自部队的军官与士官的选拔和培训，而是由陆军司令部的专门机构统一负责选拔、培训和考核。

桑赫斯特与部队联系非常紧密，在领导能力、道德规范、平等机会与多样性的管理等领导能力教育培养过程中，除了学校的教员和军官讲课外，学校会请部队的在职军官来校做演讲并与学员面对面交流。部队军官会结合自己多年工作经验谈对相关问题的分析与看法，所举的例子都紧贴部队实际，让学员们加深对部队的认识，也看到部队中存在的问题，同时也意识到在桑赫斯特所学内容的重要性。

除此之外，学院根据课程需要还广泛邀请军内外专家教授到校授课。如，为了使学员学到最新最前沿的学科知识，

经常邀请政府部长、大学教授来学院讲课。桑赫斯特也明确规定，学院教员可以到外校讲课，也可同时在几所院校兼课，这就为各院校间广泛开展学术交流活动提供了便利条件。

此外，桑赫斯特所需要的各类人才，不是统一由军队院校来培训，如军医、护士、司药、财会、气象等需要量不大而地方有专门院校的，一般通过招聘来解决需求。但是招聘进来的技术人才，并不是马上分配工作，而首先进行九个月的标准军事课程训练。既严格又艰苦，要学习军队的制度、纪律，进行轻武器的操作和实弹射击，大量的时间是用于野营、勇敢与体能训练，至于队列训练，更是不可缺少的。总之，将他们从一个普通老百姓训练成一个正规军人后才分配他们的工作。

教官训练

七、全程实行筛选淘汰制

由于桑赫斯特的门槛极高，因此跨入的学员都是英国年轻人中的佼佼者。但这不意味着你笑到了最后，因为学院实行全程筛选淘汰制，坚持到最后的才是最终的赢家。

通常一个排入学时 30 人左右，最后能正常按时毕业的只有 20 人左右。未毕业的主要有四种情况：

一是发现自己不适合部队生活，能力不达标，自愿离开，这部分约占未按时毕业的 50%；

二是由于训练受伤等原因耽误课程，积累到一定程度时被自动留级；

三是训练受伤较严重，造成身体不适合继续培养，从而做退学处理，但给予一定补偿；

四是每期有 3% ~ 4% 的学员因表现太差而遭开除。

优秀学员将被授予各种荣誉勋章，毕业分配采取“双向”选择，一些未被用人单位挑中的，毕业时则转交给任命委员会统一安排去向。

对于平时犯的小错误（如不该说话时在队列中说话，手放在裤袋里等）被军士发现后就地罚做俯卧撑，一般 30 个，但根据情况严重性及军士的心情有不同程度的加量。有时让学员一直做，等军士讲完事情后或等整个排都集合完毕后才让犯错的学员起来，得撑七八分钟。对于相对大一点的错误（如没管好自己的枪支、没在个人物品上贴名字、衣着不整或熨得不挺等），会被罚晚上九点钟到门卫室接受相关错误纠正的检查，根据情节严重性罚一天至几天不等，所犯错误会被记录到学员的表现中存档。较严重的错误（如排值班员没查清人数后便把队伍带走、说谎等），会被罚额外的值班。

学员如果生病，所有病号早晨要在连军士长办公室外集中，接受病情检查及询问。通常情况下，只有到学校医务室拿到正式病假单才可以不参与一些身体状况不允许的训练。病假单上清楚说明哪些训练科目可以不参加，哪些着装不适合穿着，病假几天等。病假单必须复印后分别交给连军士长及本排军士长。伤病时间过长或缺课、训练达到一定量就有可能面临被转到 LUCK NOW 病号排，准备留级。但病号也会适量参加身体状况允许的训练，如脚受伤就去健身馆练上肢，野外训练期间，能走路的病号一般会去观摩战友的训练。

一个中国学员在归国后的报告中写道："伤病时间过长、领导能力不合格、体能不达标或不适应军队生活都会被淘汰。我们全连 95 人到现在为止（仅半年左右）已经走掉十几人，其中伤病被留级的 7 人、不适合部队生活或能力不达标被淘汰的 6 人。由于有高年级留级学员加入，全连总人数保持 90 人左右。"

八、放手让学员去摔打

桑赫斯特的训练目标是：要求学员牢固树立职业军人的志向和报效国家的责任心，养成必备的领导素质、纪律性和使命感，具有强健的体魄和扎实的军事基础知识。学院在管理、教学、训练中，突出放手学员去摔打的理念。

中国学员在桑赫斯特的感受：学员应该放手去摔打

问：在桑赫斯特，学员管理的突出特点是什么？

■ 1982 年 4 月 2 日起，历时 74 天，在南半球大西洋的“马尔维纳斯群岛”（英国称“福克兰群岛”）上，英国与阿根廷爆发了一场规模不算很大但影响深远的战争。这也是英国自二战结束后进行的唯一一场没有盟友帮助，独自面对的中等烈度战争。图为英国在马岛战争中发挥了巨大作用的“竞技神”号航空母舰。

学员：四个字“放手摔打”。桑赫斯特的阶段性野外演练很多，时间跨度长，而且通常在陌生地带进行。演练过程中，从制订作战计划，到下达作战部署，再至统筹后勤管理，全由学员负责，教官只参与最终的结果评估。经过类似训练，不断摔打，学员的作战技能和心理素质大大提高。

问：能否谈一下你们的直接感受？

学员：第一次野外参训，给我的印象很深，锻炼也很大。当时我被任命为班长，从贯彻上级命令、分析战场情况到单位作战部署等全由一人负责。演习地带陌生，没有现成的道路，又遇下雨，道湿路滑，沿途还设有伏击……种种难题摆在眼前。幸好副班长实战经验丰富，最后才完成任务。当时，班员面临体能和精神的双重压力。在茫茫山野，你的每一个指令都关乎战士的生命。如此深刻的经历，对我来说是一种教训但更是财富。

学员：作战技能和指挥素养的提升，依赖于长时间的实战化训练和大量的经验积累。但归根一点还是让未来的指挥官放手去摔打。此外，桑赫斯特对战斗精神的培育，给我们触动也很大。一次五天四夜的演练，我们仅蹲在战壕里蜷缩着休息了4小时，其他时间一

学员指挥员部署作战任务

直保持着战斗状态。其实，我们国内院校同样把战斗精神培育放到了很重要的位置，而且收效同样很好！

九、注重非智力因素培养

桑赫斯特皇家军事学院认为，在军事人才的成长过程中，智力因素固然起着决定性作用，但非智力因素如情感、意志等也起着重要的不可替代的作用。因此，非常重视通过丰富多彩的课外活动，促进学员非智力因素的发展。

学院开办有多种文化俱乐部和协会，如桥牌、舞蹈、辩论、绘画、摄影和戏剧等，通过开展各种文化活动，陶冶学员情操，提高他们的艺术素养。学院举办各种形式的集会，从多方面为学员提供交流机会，提高学员的社会交往能力。在第一学期和第二学期，每个连都要由学员举行一次晚宴。学员毕业时，还要为学员举办委任晚宴，甚至还可以举办婚礼。

除此之外，桑赫斯特还十分重视体育活动，并有良好的体能训练设施。

桑赫斯特认为，没有好的体能，在战场上根本就不可能当好指挥军官。指挥员除了要带和士兵一样的装备外，还得背上一个5公斤左右的电台及备用电池，并且要做战场分析和作战方案，在紧张混乱的战场环境中带领战士进行战斗，如果没有好的体能支撑就无法完成任务。当全排或全班战士的眼睛都看着指挥员时，他们要的是一个能带领他们取得战

学院经常组织各种活动

斗胜利的领导者。如果指挥员在战场上背着沉重的物资跑都跑不动，又何谈指挥？战士又怎么会信任这样一个指挥员？因此，在桑赫斯特皇家军事学院，学员有充足的时间进行体育活动，除了橄榄球、板球、曲棍球和足球外，还可以参加高尔夫球、划艇、拳击、柔道和田径运动，体重普遍偏重，负重能力强，这些体育活动对强健军人体魄、培养坚强意志起到重要作用。

学员在学校内举行婚礼

十、依托社会化保障

进入桑赫斯特，无论走到哪儿，地板、走廊、楼梯都十分洁净，墙壁看不到一处污迹，门窗玻璃擦得明亮。在食堂就餐时，服务人员都是中老年人，正统的西餐程序十分周到和细致。

桑赫斯特皇家军事学院把学校的后勤保障承包给地方，是管理上的一项大胆改革，在与地方企业签订合同时，由于各种服务保障合同规定细致，再加上政府和社会上的大力支持，因此保障十分到位。对于桑赫斯特皇家军事学院本身讲，管理机构很精简，没有必要设几大部或几大处（科），管理人员只有院长、教务长，再配若干助手就足够了。不仅如此，一些如军医、护士、财会、气象等技术人才，也统统实行招聘制，从而节约了经费。

后勤保障社会化的成果，在这里，小至打扫卫生、修理管线，大到管理军官宿舍、经营餐厅，全部都是雇请地方公司来完成的。虽然停车场上每天都占得满满的，但学校本身却没有车。外出参加活动的大轿车都是从地方公司租的，就连接送教职员工上下班的班车也是租来的。有一次接待中国军事代表团，也是用地方出租车接送。无论学校搞什么活动，只要打一个电话，地方公司就会全部给你搞定，而且作为长期客户，自然还会享受诸多优惠条件。这样做不仅为校方节省了大笔开支，同时也养活了附近依靠这个学院生存的各家小公司，带动了当地的经济发展。

似乎与英国的历史一样，桑赫斯特有很多校园传统，形式壮观而儒雅，气氛庄严而浓烈。如学院每年邀请贵宾来校做报告或参加庆典，其中不乏像英国女王、英国首相和陆军大臣等要人。而且每次庄严的授旗仪式、激动人心的授勋场面，无不让每一个学员在振奋之余感到自己肩负着国家未来安全的重担。

一、敬仰皇旗

桑赫斯特的学员都知道这样的历史：1914 年，即第一次世界大战爆发后的第一年，英国上议院贵族就战死了 6 名。在整个一战期间，贵族子弟阵亡达 95 名，死亡率高达 20%，数倍于当时英军的平均死亡率。至第二次世界大战结束后，许多传承几百年的世袭贵族血脉断绝。

英国王室有从军传统，在早期，国王承担着率军保护国民的使命，是名副其实的武装力量最高统帅。到十七八世纪君主立宪制逐步确立和稳定后，英国王室已经只是联合王国的象征。但即使失去了掌军权力，现代英国王室的男性成员还是将从军当作自己的首选职业，以维护王室的声望。即使在战争期间也责无旁贷。第二次世界大战期间，当时还身为公主的伊丽莎白二世女王就挺身而出，到国内后勤部队服务，充当卡车司机。其丈夫即后来的菲利普亲王更是在勇士号战列舰上服役，并随舰获得击沉 2 艘意大利巡洋舰的战绩。二战后，又有安德鲁王子和哈里王子亲临战场作战，尽管他们都不是第一顺位的王位继承人，但仍然承担起义务，为王室的荣誉而战。

英国贵族在战争中表现出的中世纪骑士精神——忠诚、责任、勇气，受到国家和社会的广泛认可，其继承和发扬的做法，更是受到桑赫斯特学员的顶礼膜拜，他们发自内心地尊重王室。因此，在桑赫斯特校内总能见到很多人列队敬仰一面旗帜的场景。这面旗帜是英国女王 1978 年亲自颁发的皇家徽旗，每当这面旗出现在公共场合时，全体人员均会听口令迅速直立，列队迎送，以表达对英国王室的崇高尊重。而且，那一刻所有学员的耳边都响起 1978 年 10 月 27 日，英国伊丽莎白女王在致辞中讲的一段话：

“桑赫斯特在第一次世界大战时培养出了那么多军官，为我们国家做出了杰出的贡献。从那时起，这种传统一直坚持下来了。今天这所皇家军事学院仍将继续为世界上最好的军队——我们的职业化军队输送军官。现在我把这面皇室徽旗托付给桑赫斯特皇家军事学院的皇家徽旗护卫队，我坚信，他们以及他们的接班人将永远高举着，向人们证明他们是从这所具有辉煌历史的军事学院走出的最好的军人。”

英国女王接见英国军人

不仅如此，在学院的办公室、礼堂等公共场随处可见悬挂的女王画像，就连正式宴会开始后，第一杯酒也要齐敬女王。这些习惯的培养与养成，旨在教育桑赫斯特的学员铭记英国贵族在国家危难时做出的无畏表率，学习他们爱国奉献的贵族牺牲精神。

二、崇尚奖章

为激励学员的学习热情和竞争意识，桑赫斯特皇家军事学院设立了独具特色的奖励。如专门为非职业军官学员设立

的“校长奖章”，授予军事演习方面特优生的“厄尔·韦弗尔纪念奖”，表彰最好留学生的“尼日利亚纪念奖”，专门为在战争研究和国际事务方面有独到见解的职业军官学员设立的“费萨尔王子奖”等。

在众多奖项中，最让学员垂涎的是“荣誉剑”和“女王奖章”。这两个奖，一个是授予全校学习最好的学员，另一个是要授予年度里有贡献的学员。更令人羡慕的是，这两个奖项往往是在桑赫斯特皇家军事学院的阅兵场上由英国女王或政府要人亲自颁发，而且获此殊荣的学员名字将永远铭刻在学院博物馆里的荣誉墙上，这种至高的奖励和授予形式把桑赫斯特的荣耀推向了巅峰。

英国最高的勋章是维多利亚十字勋章，左胸前能够佩戴上一枚沉甸甸的维多利亚十字勋章（Victoria Cross，缩写为V.C.），是每个包括桑赫斯特人在内的英国军人的梦想。按照多年以来的传统，该勋章仅仅颁发给那些“面对敌人时表现出了卓越勇气”的人。因此，维多利亚十字勋章是勇敢者和英雄的象征及标志。

维多利亚十字勋章采用铜质，外形为马耳他十字造型，宽1.375英寸（35毫米），正面图案中央为英王的圣爱德华王冠。王冠上方雄踞一头体态健硕的狮子，王冠下方是一条半图形展开的飘带。上面写着“以彰勇毅”（FORVALOUR）的箴言。整个勋章连同悬挂部分总重27克，勋章的缎带为深红色，宽1.5

维多利亚十字勋章

英寸（38 毫米）。首枚维多利亚十字勋章是在 1856 年 1 月 29 日颁发的，用以表彰在 1854–1855 年间的克里米亚战争中表现勇敢的英军官兵。自创立之初起，每一枚 V.C. 都出自伦敦著名的珠宝商汉考克公司之手。维多利亚十字勋章的用料通常取自克里米亚战争中，英军围困塞瓦斯托波尔期间，从俄军手中缴获的两门青铜炮的炮尾，它们的炮管如今保存在英国沃尔维奇皇家炮兵驻地的军官蟹厅门外。自 1856 年以来，已经颁发的维多利亚十字勋章总共有 1355 枚。其中，自第二次世界大战以来，仅颁发过 12 次。作为最高奖赏，维多利亚十字勋章必须佩戴在其他勋章之上。

三、重视传统教育

在桑赫斯特的餐厅、教室、博物馆以及校园的各个角落，随处可见著名人物的塑像或是经过战火硝烟的军旗和团队徽。

其中，较为醒目的当属皇家军事纪念堂。皇家军事纪念堂是怀念追思亡灵的地方。纪念堂两侧的上方悬挂英国国旗、英联邦国家的旗帜和皇家陆军团队的军旗；西门两侧摆设有

桑赫斯特校园景色

皇家炮兵部队和坦克部队的纪念品；东侧存放美国西点军校送来的纪念物，上面写着："**美国西点军事学院的学员向在1914—1918 年战争中牺牲的弟兄们致敬**"。纪念堂连同过道和走廊的墙上，按年代、军兵种和军衔级别等顺序刻满了自桑赫斯特皇家军事学院成立以来，特别是两次世界大战中牺牲的本校毕业生的名字。现在，这所纪念堂已经成了学院对学员进行传统教育的重要场所。

四、举行高贵的游行仪式

每当学员毕业之际，学院总会为这些毕业生举行一个盛大的游行仪式。仪式是对过去年代军队华丽壮观景象的象征和重现，庄严而神圣，是桑赫斯特皇家军事学院最高贵且最引以为豪的精神风貌展现形式，无论是亲身参与还是坐而观望，人们都能从盛况空前的游行气氛中，强烈感悟到皇家军校的精神鼓舞力量。

每逢此时，毕业学员们的家人和朋友们都会成群结队来参观，沉醉在这样辉煌的时刻里。而桑赫斯特的每个学员都充满了兴奋、激动和紧张，因为游行意味着他们完成了过渡到下一阶段前的蜕变。对于高年级学员而言，游行的特别之处在于，标志着为军官任命书奋斗的充满挑战和刺激这一过程的结束。即便如此，当这些学员面对期许已久的亲人时，紧张逐渐转为自豪。

仪式场景

仪式进行约一个半小时之后，他们缓慢步入写着“友谊天长地久”的军校练兵场旧址。这是一个激动人心的时刻，因为它标志着一个新时代的开始——他们即将离校加入英国军队，或者海外学员回到自己国家的军队服役，各自开启他

精神发展

们新的军旅生涯。

很多人认为这一切的原因在于学校的训练。然而，实际上，训练只是培养学员们领导能力的一种原则和方法。因为，学员们从一开始就被灌输无论是个人还是团体都需高度自律的意识。如果他们时刻保持斗志昂扬并且精神专注，队伍在游行过程中才会看起来很稳健。高标准的训练需要注意细节培养进而使之产生自尊和骄傲。所有这些都是健康士气的来源，也是我们核心素质的基础……那就是用来培养领导能力的手段。

五、形成独有的桑赫斯特术语

长期以来，桑赫斯特在注重培养学员贵族气质和英勇无畏的战斗精神时，形成了桑赫斯特独有的一些术语。

SHOW PARADE：从皮鞋不够亮到衣服上有折痕，任何细小的不完善一旦被发现，都会受到处罚 SHOW PARADE。所谓 SHOW PARADE，就是指穿着你犯错时的着装，在晚上 9 点时向保安室列队报告，值班士官会进行检查。SHOW PARADE 是这里的军校生活之一，所秀的内容也是千奇百怪，比如秀贝雷帽上有灰尘，房间门未锁等。

ROPES：用于比较严重的错误，比如迟到或站岗时睡觉。该处罚一共持续两周，一天向保安室报到 5 次。同时，受罚者必须戴着特殊的白色腰带，让所有人都知道他正在受罚。

LUCKNOW：如果你在训练上受伤比较严重，就会到这个排待上至少一学期。如果能正常恢复,可以回到正常的训练中,不过这时会比原来的同学低一个年级。所以,受伤在桑赫斯特是个很忌讳的词,更没有人会假装受伤,因为当你掉的课积累到一定程度时,会被自动留级。如果不能正常恢复,就会被退学。

BACKTERM:当校方觉得你进步很慢时,会给你发出警告。包括:连长警告(company commander' s warning)、院长警告(college commander' s warning)、校长警告(commandant' s warning),如果警告无效,就会被留级。如果错误较严重,还有可能被连留两级,如果觉得你没有成为军官的资质时,就会将你退学(discharge, off you go)。留级在桑赫斯特并不是一件新鲜事,一般说来,一个排入学时 30 人,最后能正常按时毕业的有 20 人左右。

■ 2003，英国跟随美国对伊拉克实施了打击，从而开始了此后长达 6 年的对伊军事占领。图为伊拉克战争期间，作战中的英国坦克部队。

英国陆军桑赫斯特皇家军事学院虽然培育的是初级指挥人员，但它对英国军队和社会的影响是巨大的。20 世纪 70 年代，英国宣布 : 凡是要到正规陆军去就任的军官必须经过桑赫斯特军事学院的培训。这个规定表明，桑赫斯特的军官就职培训课程被公认为世界著名的陆军军官指挥和领导课程。1997 年学院获得了英国人力与发展特许协会的认证，表明其毕业生的民事管理资格已获得专业机构的认可。

桑赫斯特皇家军事学院的教学计划，听起来平平，但对学员的能力训练，却区分得很细。教学中，他们不是简单地教给学员掌握某种能力的方法，而是要学员自己去摸索、体验与实践。

课程设置的内容极宽泛，学习世界政治、经济、军事、地理与民情风俗，到国内参观重工业生产基地，出国考察某个热点军事形势，参加北约军队的联合学习等等，回来后还要撰写东西方关系或引起新的冲突及解决冲突的办法等军事毕业论文。教学方法，以启发式、讨论式、自学式和调查研究、考察分析问题为主，鼓励学员突破模式，发展个性，培养独立解决难题的能力。

在桑赫斯特的所有课程设置中，最引人注目的是其紧紧围绕实战的特训课程。

一、防核生化训练

桑赫斯特认为，尽管目前已经进入信息时代，但传统的核生化防御训练仍不可缺少。

在训练时，发给每名学员一套防核生化武器的装备。包括：防化服、防毒面具及挎包（近视眼的学员还有一副学校配好的镜片，自己装入防毒面具）、内用手套、外用手套、胶皮套鞋以及侦毒纸、针剂和药品（包括被生化武器感染后注射的针剂、用于不同部位去污染用的粉装药物等）。另外每人还会发一个防水小册子《SURVIVE TO FIGHT – CBRN Skills and Drills》（防核生化指南），上面基本包括了防核生化武器的所有内容，从装备介绍到核生化攻击下的生存等。

授课分为课堂理论教学及实践两部分。理论课上对核生化武器的种类、性质及其对人造成的伤害进行讲解。实践课上，要求每名学员穿好防化服直接进行实践训练。课前必做的预备练习就是排军士突然大叫“GAS GAS GAS”（遭生化武器攻击时的行为），所有学员必须在九秒内将防毒面具从包内拿出戴好并大叫“GAS GAS GAS”，之后互相检查。每次上课军士讲课都很急很快，总是给人很紧张的感觉。

全连三个排，有时三个排的三堂课同时上，每个排军士负责一项内容，三个排的学员就在不同的教室间轮流上课。

为了提高学员对各自防毒面具的信任并且让学员真正体验一次生化攻击，一般都要进行一次测试，所用气体是防暴用的催泪弹中的一种，对人不会造成生命威胁。测试形式如下：

八、九人编成一组，穿好所有装备，进入一个小房间。学员进入房间后，围成一圈绕圈跑，边跑边做动作并上下跳，军士会不断地点燃新的药片以保持一定量的有害气体。之后学员两人一组在军士面前取下面具报出自己的军人编号及姓名，回答军士一两个简单有趣的问题后跑出毒气房。测试中，一名排军士在房外组织学员，一名排军士在房内组织测试。

二、体能训练

入校之初，桑赫斯特会给每名学员介绍英军顽强英勇战斗的传统，鼓励他们提升战斗士气，锻炼过硬体魄。在这种教育理念下，学院开设了各种类型的体能训练课，而且每次的体能训练课（游泳课除外），几乎都是排长及排军士与学员一同参加。同时，从各个兵种中选出体能突出的士兵担任教员。这些体能训练的教员不少都来自特种兵和空降兵，在经过长期的专业培训并取得了相关证书后，可以带上 PTI 的

体能训练

帽徽。学员们也熟知，桑赫斯特的 PTI 是从全军的 PTI 中精选出来的。

训练内容主要分为共同训练和专项训练两大类，项目涉及武装行军、跑步、武装长跑、游泳、障碍、武装障碍等。为达到训练的目的，学院设计了多种多样的训练形式，制定出系统严格的考核办法。

考核项目，主要包括军事游泳及武装军事游泳、个人体能考核、武装行军考核、武装越野考核。军事游泳考核在第一学期初进行，内容为着迷彩服踩水 2 分钟，然后游泳 100 米；武装军事游泳为着迷彩服及装备（约 20 公斤）踩水 2 分钟，游泳 200 米。个人体能考核全年共计 4 次，内容包括 2.4 公里跑、俯卧撑和仰卧起坐。一般学员毕业时 2.4 公里成绩都能达到 8 分半钟，武装行军考核是背 25 公斤武装行军 13 公里。武装越野考核最初是背 20 公斤在 15 分钟完成 2.4 公里，学员中比较正常的成绩是 12 分钟，最后的体能考核是负重 20 公斤长跑 10 公里，紧接着负重通过障碍。

1．负重训练

负重训练时，连长及连军士长都会参与一同训练，但他们不带装备，而排长及排军士长通常会负重。训练方法分为两类：

第一类是训练学员在战场上争强好斗的精神。通常是热身后就开始种类多样的体能消耗（如身着迷彩、头盔及皮靴在大草坪上往返跑）和对抗训练（如相互追逐将对方摔倒在地，两人一组跪着摔倒对方，头对头作俯卧撑姿势后双手对抗将对方摔倒等）。

第二类是身着迷彩服、头盔和皮靴进行战场障碍训练。项目包括高低杠、低姿匍匐过铁丝网、高墙、吊绳过小溪、小溪中跑、过隧道、攀横梯过小溪、高台、墙窗、高低桩等等。一圈完整的训练包括二十多个大大小小的障碍，每次训练皮靴湿透，衣服裤子也都打湿。

2．Circuit 循环训练

循环训练是由十余种项目组成的组合训练。如：上下踩长凳、往返跑、单杠、双腿伸蹲、蛙跳、双杠、吊绳向上卷曲身体、双腿伸蹲跳、双脚并拢在矮长凳间左右跳、爬吊绳、躺下做双手双腿伸拉等。

组训方式有两种：一种是先将所有的训练项目全部做一次，然后两个项目一组轮换做，之后再换另两种不同的组合训练；另一种是选十个项目，定时、按序、轮换进行

■卡梅伦 2012 年发布战略防务与安全评估报告，宣布今后 4 年将国防预算削减 8%，但强调对驻阿富汗英军的支持不会削弱。图为英军护送战争中牺牲的士兵棺殓。

训练。

第一圈每个项目时间很短，主要是体验动作；第二、三圈各项目时间变长，中途两分钟喝水时间；最后连续进行两次全程训练。整个训练都保持上下肢交替锻炼。

3．RMT

RMT 是一种紧贴实战的负重耐力训练。参训学员衣着迷彩服，背着作战用的装备，手持约 4 公斤重的枪支 SA80，进行急行军及负重跑训练（男女生负重均为 15 公斤），两圈固定路线，全程 3.5 英里（约 5.6 公里）。第一圈是急行军与奔跑不停轮换，比重各一半，完成第一圈后有一两分钟喝水放松时间。第二圈中奔跑比重占 80% 左右，急行军约 20%，完成后有两三分钟喝水和休息时间。之后紧接着进行战场拖运伤员的训练，两人一组交替进行。

4．游泳

游泳是一项基础性训练。先自由分组一轮一轮地进行不同泳姿（自由泳、单手高出水面游）的训练，然后，各组进行接力比赛，训练时均着迷彩服。

除此之外，还设置贴近实战的训练。就是学员将战斗用的个人物资放入军用防水大袋子里封好丢入水中，防水袋会漂浮在水面上，学员身着迷彩服单手持枪放于防水袋上，向前安静地游，也是采用接力的形式进行。

三、沟通与应用行为学训练

桑赫斯特认为，一个好的领导人必须具备良好的沟通能力，以及激励他们带领的团队达成目标的能力。因此，培养学员领导的理念、方法与技能，学习怎样激励自己与他人，加强语言表达能力及团队合作精神在21世纪的今天尤其具有重要的实际意义。桑赫斯特这方面的训练内容主要有：

1. 介绍判断思维方式

通过做一些场景题来证明，很多时候人们往往在不完整的事件信息中加入了自己的主观假设，从而不能正确认识及评估事件，导致做出错误的决定。因为在部队里士兵的文化程度不一样，有时可能汇报的情况并不是那么严谨，这就需要军官通过分析不完整的信息尽量做出最好的评估判断，从而作出更好的决定。另外，学习了以信息来源为客观依据，通过对信息提供者的六点特性，即声誉、观察力、既得利益、专业知识与经验、中立性、证据和冲突，逐一进行分析，最终对信息的可信度做出较客观的评估。

2. 介绍信任

具体是通过观看英国一个叫“Golden Balls”的游戏类电视节目的视频及讨论问题来进行教学。节目中两人参与分钱游戏，每人有两种选择：平分或偷窃。游戏规则是：在两人做选择前，两人进行交流取得对方的信任，然后两人做最后决定，如果两人都选择平分，两人便均得一半的钱；如果两人均选择偷窃，两人均得不到一分钱；如果一人选择平分一人选择偷窃，选择偷窃的人便会得到全部的钱。

讨论的问题是：如何取得别人的信任？我们应该对周围的人多一点信任好呢，还是把周围的人都当贼一样来防着好？抽查数据显示，挪威人信任指数最高，70% 多的人愿意相信别人；中国也很不错，超过 50% 的人愿意相信别人；调查中巴西人信任指数最低，不到 10%。表明我们国家的国民教育特别是诚信教育抓得很好，中国人很愿意相信周围的人。

上完信任的课后，紧接着用一节课时间由排长组织全排学员根据以下三个问题展开讨论：领导者怎样获得和保持下级对自己的信任？怎样能使上级、同级以及当地群众相信你？怎么去逐步获得值得信任的名声？最后排长引用一句名家的话结束讨论："如果太相信别人，你很可能会被欺骗，但是如果你不相信别人，将生活在痛苦之中。"

四、七问法及命令撰写训练

真实的战争中，部队总要根据具体的我情，分析预测敌方的情况，并通过拟制作战命令对当前情况进行安排和调整。桑赫斯特的"七问法及命令撰写"训练课就是锻炼学员这些能力的。

通常做法是：实地训练前一天会下达连一级命令，第二天学员被带到地图上坐标点所在地进行定时间的七问分析（第一次在校内山地训练；第二次是在校外的一个军事训练场地）。全连被分成许多小组，每小组由一名军官带着学员根据前一天的命令再结合实际地形进行七问分析，内容是战场地形描述、预警命令初稿等。完成每项内容后，军官会抽点部分学员表述他或她自己分析出的成果，再与大家一起讨论。结束后，军官带领学员根据七问分析后确定的作战路线前往“敌人”据点，一路实地观察是否与分析时预想的效果一样，从而积累作战部署的经验。一般从上午 10 点至 11 点出发去坐标点，下午 4 点结束，风雨无阻。

五、战争研究

战争研究课主要是向学员简要介绍历史上比较典型的战役战斗过程，以及后勤保障工作。如运动战与消耗战的区别与联系，方法是结合第四次中东战争及其各阶段发展来举例讲解什么是运动战；各个国家的战术特点，主要介绍的是德国、法国、美国等。

同时，为了培养学员的现场指挥才能和在艰苦复杂环境下做出正确决策的素质与能力，学院还专门增设了历险训练课程，组织学员进行远程历险训练，内容以反恐怖、难民救助、维和行动为主，主要以演练的方式进行。

训练后喜出望外的学员

在野外近似实战的训练环境中，战术课变得非常复杂和具有挑战性，教员挖空心思给学员们出难题、设险局，逼着学员直面“战场”，灵活运用学到的知识，寻找克敌制胜的方法。教员还着眼学员指挥决策能力的提高，安排以实践为核心的指挥决策能力培训课程，通常是安排学员到各个部队的指挥机构进行供职补习，让学员以不同级别指挥员的身份参加训练或综合演习，在具体军事活动中检验和提高学员的军事指挥才能和科学决策能力。

在设备先进的训练中心训练抢滩登陆

“一路吐到诺曼底”

——中国留学生柳缪的亲身感受

2008 年 4 月的一天，作为英国桑赫斯特皇家军事学院 28 名学员中的一员，我登上了开往诺曼底的航船，准备在那里进行战例回顾课目的训练。在海上航行了1个小时后，由于几天以来的重感冒仍在发作，加之晕船的影响，作为船上唯一的中国军人，我感到头脑发晕，几次有想要跌倒的感觉。想起自己在完成陆上军事课时生龙活虎的样子，不由得苦笑了一下。在陆地上的时候，即使是高强度的负重急行军，也从来没有让我这样狼狈过。

作为这次课目训练的小组指挥员，我必须始终保持高度的清醒，以便对随时可能出现的战术情况进行快速反应和果断处理。外军教官总是会在各种意想不到的情况下随机布置战术情况，即使在船上也不例外。在随后接近7个小时的航行中，我呕吐了10余次，胃里早已空荡荡的什么也没有剩下了。这时，船上几名正在聊天的外军学员刚好目睹了这一幕，他们走过来扶了扶疲惫的我，问我是否需要一些防止晕船的药品。我表达了谢意，表示自己并不需要药物。

柳缪在桑赫斯特学习期间和外军学员合影

柳缪（前排右二）在桑赫斯特学习毕业时参加毕业典礼

挑战困难，靠的是毅力，挑战极限一次，就是锻造一次，提升一次。我那股子不服输的劲又开始在自己身体里撒开丫子了。一狠心将嘴皮内侧咬破,鲜血霎时就顺着唇边渗了出来。我从船甲板上的水桶里，捧起一口海水灌进嘴里。伤口遇盐，一股疼痛感立刻涌了上来,一下子迫使自己清醒了许多。随后，每当有晕船呕吐的感觉时，我就用这样的土办法努力使自己保持清醒，直到诺曼底海岸出现在眼前。

六、防务与国际事务训练

学院在给学员讲授成功战例时，也同样安排一些失败的事例告诫学员吸取教训、提高警惕，不要重蹈覆辙。如介绍流氓国家、失败国家的定义与区别，恐怖主义概念与本质，并列举一些详细的事例说明。

每次上课教员都不直接讲问题的答案而总是让学员自己思考给出各自的观点。学员之间进行热烈的讨论，教员也不断激发学员不停地思考以给出更多更好的观点。教员在白板上分类、分层次写下各种观点，并在讨论中引导和归纳学员零散及表达不清晰的观点。课堂最后总是通过热烈的讨论（有时是争论，因为大家意见不一，都想去说服对方赞成自己的观点，气氛十活跃）及教员的总结得出最后的结论。此外，每个学员根据上学期所选的《防务与国际事务》主题，轮流进行陈述，并接受大家提问。教员记录学员所讲内容并写

评语。

一位听课学员在日记中写道："我们能感受到教员备课相当充分，课上总能准确归纳学员各种零散观点，并在写板书时放到合适的位置，最后白板上呈现的就是一个逻辑性和层次感很强的分析图。"

"当代军人须学会和世界打交道"
——中国学员在桑赫斯特的感受

问：你们有人曾参加第三届陆军国际学员周，出访澳大利亚国防军学院，这次你们二人又从桑赫斯特留学归来。参加这些外事活动，你们的突出变化是什么？

学员一：最突出的是国际视野明显拓展，国家意识、大局观念显著增强。因为视野开阔，知道了自己的不足，学习的紧迫感更强、劲头更大了。

问：在桑赫斯特，对比外国军校学员，我方学员还存在哪些不足？

学员二：我们军校学员同样有很多优点，这一点暂且不提，现在主要介绍我方学员需要提升的方面。一是领导意识。在桑赫斯特，每名学员都争着当骨干锻炼，施展自己的才华。我们的学员在这方面做得还不够好，领导能力还需加强。二是实践能力。和外军学员相比，我方学员野战实际操作能力相对较弱。刚开始参加野外夜间找点课目考核非常不适应，

前两次都没合格。课下，我们想方设法模拟各种情况去锻炼，最终能力才得以提升。在单兵战术、班排协同配合等其他方面，实践能力也表现出了“短板”。三是语言技能。刚到桑赫斯特，面临的最大困难是语言障碍。虽然我们都已通过雅思考试，但刚开始上课还是听不懂，直到第三阶段才能跟上课堂节奏。随着我军影响力不断提升，未来军官必须树立走出去的意识，迫切需要提升语言技能。

问：赴外军事院校学习其实就像一面镜子，对照这面镜子，你认为我们军校学员应该从哪些方面提高自身素质？

学员一：随着我国更加开放，我军多样化任务不断拓展，中国军人越来越多地走向世界舞台，世界的目光也越来越多地关注中国军队。因此，我军校学员应该培养战略思维与战略视觉，学会和世界打交道，了解世界上发达国家的军队状况，正确认识并定位自身的真实作战能力，熟练掌握现代化的指挥手段，锻炼提升作战能力。

七、实弹射击训练

实弹射击训练以连为单位组织，由军士给学员授课，地点在院内的两个射击场。课堂上一般都会学新的武器装备，从初步认识装备到当场操作一系列学习，对部分装备，在授课及训练操作后就现场进行测试。

学员连一到射击场便分成两批分别去不同射击场，同一射击场内所有学员又被分成几组，轮换着进行实弹射击、做射击教练及学习操作新武器装备。射击场两旁的树林也是上装备课的课堂。只要有闲下来的时间，军士就会要求擦枪，不让学员变得懒散，一直保持工作的状态，后来大家都形成习惯，只要闲下来都会自觉地擦枪。

射击训练一般带战术背景，比如，如果是防御战术训练，射击方式在原有的基础上增加了战壕射击。另外还增加了站立靠支撑物射击、跪姿靠墙射击、定时射击、连续对目标射击、突然发现敌人迅速卧倒或冲向墙脚跪姿定时射击。射击距离也从 50 米、100 米逐步增加到 200 米、300 米并加入风的影响。

手枪射击训练，一般每人共射 76 发子弹。第一组 20 发为立姿射击，10 米和 15 米各 10 发，每 10 发又分为两个射击点射击；第二组 20 发，是 15 米和 20 米各 10 发，每 10 发又分为立姿射击一点 5 发，跪姿另一点 5 发；最后 36 发，共三个弹夹，每个弹夹内 12 发（该弹夹最多装 13 发子弹），15 米、20 米、25 米各 12 发，每 2 发一组，立姿与跪姿分点交替进行，以此训练在变化中射击的精度。

每次射击课，基本都是从早上七点半到下午三点半，所以每次食堂都会为学员和军士提供打包好的简单午餐（Packed Lunch，有 1 个水果，1 包饼干，1 包薯片，三明治，1 块巧克力，1 根香肠肉卷，1 盒果汁）或中午在射击场提供熟的热食。

八、野外训练

如前所述桑赫斯特认为没有好的体能在战场上根本就不可能当好指挥军官。如果指挥员在战场上背着沉重的物资跑都跑不动，又何谈指挥，战士又怎么会信任这样一个指挥员。

桑赫斯特学院配备的武器装备、补给标准和考核要求，与野战部队完全相同，设置的训练课目强度极大。每个学期末还安排了为期一周的历险训练课程。第一学期末学员参加跋涉、宿穴、攀岩、跳伞、潜水、滑雪等历险训练，要求每个学员在校学习期间都必须选择一门历险活动以培养和提高自己的领导能力，并应当争取得到一个野外活动的领导能力证书。第二学期末则由学员自己组织到欧洲、非洲、美洲或英国本土的艰苦地区远征，锻炼学员在艰苦环境中的体力、智力、领导力、自信力以及创造力。

许多毕业的军官坦言，桑赫斯特的野外训练课考验的不只是体能，更是对人意志力的极限挑战。

2010 年冬天，桑赫斯特在摄氏零下 10 多度的气温下进行一次 5 天 5 夜的野外生存训练。第一天夜里，学员们就被要求跳进河里，所有人的靴子都湿透了。之后的几天，大家每晚只能露宿树林，睡眠不超过 3 小时，且随时要提防突如其来的“敌军”袭击。一些学员因冻伤或体力不支选择了放弃，

野外训练

而等待他们的将是留级甚至无情淘汰。这种压力会一直持续到“最后一刻”。琼斯中尉说，他有位同学在毕业前的最后一场演习中，因连续 3 次考核没通过，被教官现场告知“你被开除了”。当时大家以为在开玩笑，结果那名同学真的被一辆车从基地拉回学校，勒令其马上收拾包袱走人！

1. EX ROYAL RETURN

这是一次类似收心及复习的训练课名称。学员从六点吃完晚饭开始，以排为单位在开学第一个晚上行军到学校驻地训练场中指定的坐标点快速建立排基地。当晚 10:00 每个班组织侦察巡逻到半夜 02:00 返回基地，然后进行正常休息及值勤。

第二天组织进行两次遭遇战，之后所有学员用七问法对战场进行分析并写命令。晚上约 19:00 左右排长下达骨干任命，被任命为排长的学员给全排下达命令后便进行夜袭演练，前往敌人所在地，21:00 实施正式进攻，约 21:30 结束战斗。战后迅速组织学员将战斗时打下的空弹壳收集好，22:00 左右跑回集结点取各自的大背囊，然后跑回学校，回到学校第一件事是归还枪支，约 23:00 结束第二学期的第一次野外

训练。

2.EX FIRST ENCOUNTER

这种训练为期五天四晚。

第一天凌晨三点起床，03:30 取枪，05:00 从学院出发，08:00 点到达下车点，之后取好个人的运行物资，共 50 多公斤物品全部打包到大背囊，09:00 开始背着 50 多公斤单兵物资一路不停地行军约 6.8 公里至训练点，约 10:45 到达。

训练点地形很简单，是很宽广较平坦的大草地，周围有公路及成块的树林。分配好战壕点及各班所负责的防御角度后，11:00 开始挖战壕。战壕尺寸大小等在军官随身携带的 Tactical Aide Memoire（战术辅助备忘录）上都有详细的要求。从除草皮开始，将草皮一块块挖起来堆放好，草皮要做伪装用，同时也避免对训练场地的破坏。除草皮工作一直持续到晚上。有巡逻任务的班 21:00 至 2:00 外出侦察巡逻（出行之前，班长会向全班下达正式侦察巡逻命令约二十钟及预演十多分钟），巡逻回来后接着挖。半夜气温比较低，训练地点离海不远，不停吹着冷风，一停止活动就非常冷。

野外训练

第二天是继续挖战壕，放金属巩固物及沙袋，晚上是轮班巡逻值勤，定点观察敌人动向。第三天终于将战壕挖好并用草皮盖好。半夜躺在树林里休息了一个多小时，大家虽然穿着保暖衣物还是被冻得全身颤抖，战靴及袜子也很潮湿。第四天开始正常防御值勤，白天比较轻松一点，当晚进行消灭敌人的进攻，没有睡觉时间，回基地后进行正常的防御值勤。

最后一天早晨七八点钟遭到化学武器攻击，部分战壕也被敌人占领，所有学员及指挥员穿着防化服、戴着防毒面具发起反攻夺回战壕击败敌人。约一小时结束战斗，之后的八九个小时都是取出战壕内金属巩固物、填埋战壕、恢复草地的工作。20:30 返回学校，正式结束训练。

在野外训练课堂中，学员是行动的主体，除训练总体科目计划外，行动落实与实施全是由学员们自己完成。每天都有新的骨干任命，一个学员基本不会两次被任命同一职位。每个学员都有机会也必须被任命为骨干参加战斗、积累经验。部分优秀的学员已经当过副班长、班长、通信员、传令员、排军士长、排长、连军士长、连长等所有职位。体能消耗很大，能够培养学员坚强的意志和持续作战的精神。在五天四晚共有 108 个小时训练，仅休息 4 小时（仅是蹲在战壕里打个盹或蜷缩着背着地脚朝天睡），前 60 小时不停地挖战壕、夜间巡逻、执行任务，最后一天遭生化攻击、反攻。108 个小时里一直保持着随时战斗的状态。

两个中国学员在桑赫斯特皇家军事学院的学习报告

2010年，中国人民解放军理工大学两名学员在桑赫斯特皇家军事学院学习，归来后就关于实战方面的学习内容汇报如下：

1．战场情况分析及命令

学习战场地形描述、七问法、预警命令及正式命令的撰写与下达。英国部队每个军官都会有TAM，即防水的战场帮助手册，里面包含了几乎所有战场上所需的知识。如：七问法、防御、巡逻、伤员处理等。

2．体能训练课

负重训练：训练强度逐渐增加，从男生负重14公斤（女生10公斤）跑5英里（约8公里），到目前男生负重25公斤（女生20公斤）跑6英里（约9.6公里）。行军完毕后进行拉韧带的恢复训练，有时也有上肢力量训练，如找战友及枪支奔跑，三组俯卧撑等。

游泳：站立跳水、水中奔跑、上肢划水、下肢划水、呼吸、穿迷彩服游泳。其中穿迷彩服游泳训练让学员在深水中踩水穿脱迷彩服，并将迷彩服吹胀当救生衣或救生圈用。

循环训练：许多训练项目的组合，包括上下肢大部分肌肉的训练。

跑步：时间长短不等，地形变化较多，除平地外，还有山地、

■英军撤出伊拉克后，仍保持在阿富汗的驻军。图为 2009 年 7 月 11 日，在阿富汗南部塔利班武装活跃的赫尔曼德省，英军士兵执行巡逻任务。

涉水等。有时训练定速跑，主要是为了解及稳定自己跑的速度及步数，用于在战场时自测距离。

3．沟通与应用行为学

培养领导的理念、方法与技能，提高领导水平。学习怎样激励自己与他人，加强语言表达能力及团队合作精神。比如训练团队合作时，先做一份物资排序，然后进行小组讨论，实践证明通过团队合作讨论得出的结果比个人的排序更接近标准答案。

4．通信课

介绍通信设备及操作方法，包括拆卸及故障处理。学习不同种类的通信手段并进行实践。如战场情况汇报、统一时间、加入及退出一个通讯网络、发现敌情的汇报、与敌交火时的通信等。

5．战术课

学习班战术及排战术。了解突然遇敌炮火进攻时的作战步骤，以及怎样组织进攻取得战场主动权并消灭敌人或迫敌撤退。

6．战争研究

介绍战争的定义、战争理论，如整体战、局部战争的概念，以及各自的特点。要求学员选择某次战争进行分析，写一篇论文。教员帮助学员提出有关该战争的适当的问题，学员围绕给出的问题，确立自己的论点并给出论据回答此问题。

7．理念及纪律

有时牧师来讲课，有时是排长。然后学员分组上台讲军队纪律并分析，且与台下的战友交流观点，回答战友提出的问题。

8. 国际安全课

了解国际安全的概念与当前国际形势。主要讲了变化中的国际安全本质，实力的概念，美国的外交政策及其在世界上的影响力，中国、印度、俄罗斯的力量，民主及人权问题。大家对强大的中国都很关注，讨论中国日渐强大起来会不会有什么威胁之类的问题。有的英国学员还写了关于中国强大问题的论文。教材上说,中国领导人虽然不喜欢用“超级大国”而是用“伟大的国家”来描述中国，但在某些方面中国很难逃避已成为“超级大国”的事实。

9. 实弹射击

进行了两次实弹射击，第一次是 25 米，第二次是 50 米及 100 米，两次共打 120 发子弹。射击姿势包括:卧姿、蹲姿、跪姿、立姿，由三名军士组织。

10. 其他重要活动

（1）两次竞赛：长途行军和定向越野

长途行军:在威尔士黑山地区进行。学员 10 人左右为一组，根据所给的坐标点自己制定路线，要求用时 35 小时完成。男学员负重不超过 20 公斤，女学员负重不超过 18 公斤。前 24 小时内没有休息，保持行军并完成指定任务。

定向越野：也是识别地图能力的竞赛，计时开始前有 6 分钟时间抄下点坐标及在地图上标好点并规划好路线，共 10 个点约 5 公里路程。标准是 80 分钟内完成 5 个点。

（2）两次作战训练：初次进攻及精确打击

初次进攻：分班进行，学员轮流当班长和副班长，携带装备执行急运伤员等战场任务。

精确打击：军官任命骨干，学员根据七问法及命令下达的程序，下达命令、组织进攻，训练中使用教练弹，每人80发。

（3）集会及部队见习：老学院礼拜天集会和参观部队

老学院礼拜天集会：所有学员周末早晨去学校的教学室纪念在战场上死去的军官与士兵，院长出席。

参观部队：英国学员到部队去参观，可以选择将来工作的部队，最多有三个选择，第一学期和第二学期分别有一次机会去自己所选择的部队参观。第二学期的参观结束后，学员所选部队的高级领导将到桑赫斯特皇家军事学院组织面试，并当场宣布是否接收面试者。如果学员被所有个人意向部队拒绝，他将被调配到未知的部队。

作为最古老的军校，桑赫斯特皇家军事学院距今已有 270 多年的历史，伴随着日不落帝国的成长，涌现出无数风流人物，培养了众多军事将领、政坛豪杰和外国英才。他们从进入桑赫斯特校门的那一刻起，就永远成了桑赫斯特人，其丰富的人生中留下了许多的轶事趣闻。

一、多彩人生的蒙哥马利

伯纳德·劳·蒙哥马利（1887 年—1976 年），英国陆军元帅、军事家，是第二次世界大战期间英国武装部队杰出的领导人之一。

1887 年 11 月 17 日，蒙哥马利出生在伦敦肯宁登区圣马克教区的一个牧师家庭。1901 年他 14 岁时才正式上学，文化成绩低劣，但体育成绩极棒。

蒙哥马利一心想成为一名陆军军官，为此还和母亲发生了激烈的争吵。以他当时平庸的成绩，能考取桑赫斯特皇家军事学院吗？蒙哥马利没有把握。他已 19 岁了，学校给他的评语是如此的难堪："从年龄看，该生是个落伍者，如果他想上桑赫斯特皇家军事学院，必须加倍努力。"蒙哥马利拼命地学习，经过艰辛的努力，终于在 1907 年他 20 岁时，奇迹般地考入了桑赫斯特皇家军事学院。在被录取的 177 名考生中，他排在第 72 位。

19 岁的蒙哥马利与同龄人相比并不起眼，身高仅 170 厘米，体重 63 公斤，胸围 86 厘米，看上去十分瘦小。不过，在他瘦小的身躯里却始终有一个声音在呐喊："总有一天，这所学校要因我而名扬天下。"总体而言，圣保罗学校给蒙哥马利留下了美好的回忆，也造就了他独立顽强、藐视权威的性格，这种性格也一直伴随他在桑赫斯特的军校生涯。

1．羡慕手表

进入桑赫斯特后，一切都是崭新的，蒙哥马利怀着极大的好奇心投入到学习和训练中。入学后才发现，原来自己的学习成绩并不是最糟糕的，不少同学考了不止一次才进入这所著名的军校。得知这个情况后，蒙哥马利兴奋了好长一段时间。这表明，自己并不是一个平庸的人。

当时，一个平民子弟每年用于食宿和其他必要的地方的花费需要 150 英镑，这还不包括额外的零用钱。进入军校后，蒙哥马利看到同学大都是富有子弟，而自己却是个普通家庭出身的穷孩子，父母给的生活费用又十分有限，因此不得不

省吃俭用地过日子。父母每月给他2英镑的零用钱，与其他同学相比，显得格外寒酸，后来蒙哥马利回忆说：“我怀疑其他许多同学是否跟我一样穷——在那些日子里，手表刚开始出现，学院小卖部就有手表出售，大多数同学都有手表，我经常对那些手表投以羡慕的目光，但那些手表不是为我准备的。直到1914年第一次世界大战爆发，我才有一块手表。”

当时的桑赫斯特皇家军事学院是培养英国绅士式军官的贵族化学校。学生制服华丽，生活阔绰，除了学习军事课程外，还得学习骑术、击剑、法律和一门外语，生活还是比较紧张的。入学6个星期后，蒙哥马利被提升为一等兵，这是一个很大的荣誉。因为，在当时表示经过这样选择出来的学生被公认为是学院里的优秀分子，表示他较早地具备了一流军官的基本素质。不久，他又被选入校橄榄球队。第一学期期末考试，他名列第87，校长的评语是“成绩优异”。

2. 好杀的B连

在第二学期时，学院打算让蒙哥马利担任B连的下届带军剑的掌旗军士，这是学生的最高军阶，蒙哥马利有些得意忘形。作为一等兵，他肩负着领导所在连队学生活动的责任。他经常带领所在连队一群爱闹事的学生，欺负其他连队的学生，特别是对住在他们楼上的低年级部A连更是下手狠。为此，他所在的连队被同学们称为“好杀的B连”，他自己也成为众目睽睽的目标。

有一次，他恶作剧式地想了一个新招，趁一个同学换衣服的时候，点燃了他的衬衣下摆，结果这个同学被烧伤，被送往医院，甚至一段时间连坐都不能坐。这事非常严重，学院打算开除他，幸亏被烧伤的同学表现得大度，拒绝说出烧他的人是谁。更由于福布斯少校从中疏通，以及他母亲的暗中帮助，蒙哥马利才免于此难，但却由一等兵降为普通兵。这个学期结束时，他考试成绩名列第 74，表现仅为良好。当蒙哥马利几十年后回忆此事时仍后悔不已。

3. 专心学习

蒙哥马利在学校期间，很少饮酒，更不抽烟，也不想去交女朋友。这是他性格使然，不完全是他家庭的影响，他也不是故意远离烟酒和女友，只是对这一切不感兴趣而已。因此，除了偶尔参加几次球赛之外，把全部的时间和精力都投入学习。

1916 年时的蒙哥马利

1907 年 12 月，学院从蒙哥马利同批学生中挑选一部分提前毕业，蒙哥马利没能如愿，只得再留校学习 6 个月。为此，他很受刺激，同时又特别想参加驻印度军队，便发奋学习。在 1908 年夏季毕业生中，他成绩名列第 36 名，而派往印度陆军的学生也是 36 名，但却另有 8 名是指定的。

1908 年 9 月，蒙哥马利被分派到驻皇家沃里克郡团，当一名少尉排长。同年 12 月，蒙哥马利被派往驻扎在印度西北边疆白沙瓦的第一营。

后来蒙哥马利参加过第一次世界大战，曾负重伤，差点送命。1918 年大战结束时，任师司令部中校一级参谋。

4. 骡子的启示

英国哲人培根说过 :“人的天赋通常是隐而不露的，有时它会有超常的发挥，而且很少枯竭。”要让意志力像自己的天赋一样，需要训练。而观察力则是提升意志力最重要的条件。蒙哥马利深深地认识到了这一点。他后来总结道 :“我坚强意志的第一堂训练课，来自一次观察骡子拉屎。”

1908 年 9 月，蒙哥马利刚从桑赫斯特皇家军事学院毕业，12 月，随皇家沃里克郡团驻防印度。起初，蒙哥马利不适应部队，然而一次奇特的考试却彻底改变了他的命运。当时部队运输的主要工具是骡车，因此蒙哥马利被送去学习驾驭骡子及其相关知识。学习结束考核时，一位骡子专家问蒙哥马利：“骡子一天大便几次？”这个问题完全出乎蒙哥马利意料之外，他对此一无所知，最后只得赌博式地说道 :“6 次，先生。”考官马上说:“不对，是 8 次，第一题 0 分。”蒙哥马利争辩说:“先生，我看 6 次、8 次没有多大区别。”而考官回答道 :“不准无礼，你的耐心会让你知道我的结论是正确的。”后来蒙哥马利的好奇心上来了，他认真观察了半个月，果然发现骡子一天大便 8 次。这件事对他触动极大。后来当他出名后，仍常讲："这次考试使我真正懂得一个军人在战场上的观察力来自他对平时生活的积累，而缜密的计划只能来自源源不断的全神贯注的观察力和思维能力。"

从那时开始，蒙哥马利用眼睛观察事物，用心去思考问题，把所有重要的知识都放在自己的视野里。这样，一个原不为人看好的劣等生，终于在第一次世界大战时慢慢地崭露头角了。

二战时期的蒙哥马利

1915 年，他受伤入院。在医院里，他思考了自己以前的生活，深深感到知识的重要意义。从那里开始，他给自己立下一个座右铭："笔比剑更重要"。

蒙哥马利在部署阿拉曼战役

从此，步入中年的蒙哥马利像腓特烈大帝一样，坚持不懈地阅读与思考，终于成为英国一位近乎完美的名将。

5.“三戒”制度

蒙哥马利从桑赫斯特毕业后被分配到印度军团服役，期间他亲眼看到许多外貌英俊、军风洒脱的军官，整天泡在歌舞厅、影剧院、酒吧里混时间，有些人痴情于“恋爱战争”，个个面黄肌瘦，未老先衰。有些人甚至借酒消愁，天天喝得酩酊大醉，丑态百出，失去自我控制能力，严重败坏士气，自己也不能成大器。后来在第二次世界大战期间，日理万机的军务使蒙哥马利的嗜酒如命的参谋长，几度因体力不支、精力疲惫而离开指挥岗位。因此，颇有远见的蒙哥马利，为了使部下励精图治，成就事业，除掉身上的种种恶习，带头实行“三戒”，不吸烟、不喝酒、不奢侈，厉行艰苦奋斗，不贪求舒适，并号召官兵对自己进行监督。由于他处处作表率，部队的风气很快就好转起来。

蒙哥马利戎马一生，从未因健康欠佳而中断过指挥。

6. 荣归母校

从军50年的蒙哥马利，一直没有忘记送他踏上仕途的桑赫斯特皇家军事学院。

1947年1月，一个阳光明媚的早晨，蒙哥马利身着元帅服，胸前挂满勋章，气宇轩昂，走进刚刚合校不久的桑赫斯特皇家军事学院。学院合校，他亲自来祝贺；校刊问世，他寄来首卷辞；校史出版，他精心作序。几乎每年他都要来学院，或参加学术讨论或参加毕业庆典。他最喜欢的是和阿拉曼学

生连的学员们一起交谈。这个连以阿拉曼战役命名，而这个具有重大历史意义的战役就是蒙哥马利亲自策划和指挥的。

1958 年 11 月，蒙哥马利几经交涉，征得原西德政府同意，把在德国北部吕讷堡荒原矗立的那块记述他 1945 年接受百万德国士兵投降的战争纪念碑捐献给了桑赫斯特皇家军事学院，以感谢母校对他的栽培之恩，这就是著名的隆伯格石纪念碑。

1958 年，蒙哥马利结束了 50 年的军旅生涯而退休，成为英国历史上服役最久的将领。

二、从“差学生”成长为首相的丘吉尔

温斯顿·伦纳德·斯潘塞·丘吉尔，是 20 世纪最负盛名之一的英国政治家。第二次世界大战期间，他是带领英国人民取得反法西斯战争伟大胜利的民族英雄，是大英帝国利益的坚决捍卫者，与斯大林、罗斯福并立为“三巨头”，为大英帝国的利益奋斗了一生。

1. 出身名门

丘吉尔出身于声名显赫的贵族家庭。他的祖先马尔巴罗公爵是英国历史上的著名军事统帅，是安妮女王统治时期英国政界权倾一时的风云人物；他的父亲伦道夫勋爵是 19 世纪末英国的杰出政治家，曾任索尔兹伯里内阁的财政大臣。祖先的丰功伟绩、父辈的政治成就以及家族的荣耀和政治传统，无疑对丘吉尔的一生产生了十分巨大的影响，在他成长为英国一代名

相的过程中具有关键性作用。他们为丘吉尔提供了学习的榜样，树立了奋斗目标，也培育了他对祖国的历史责任感，成为丘吉尔一生孜孜不倦地追求和建功立业的强大驱动力。

2．入读贵族学校

7岁那年，温斯顿·丘吉尔被父母送到位于阿斯科特的一所名为圣乔治的贵族子弟寄宿学校去读书。这所学校的条件相当好，因为是专为上流社会教育子弟而开办的，这里所有的设备以及师资都是一流的，学费自然也特别贵。但是温斯顿·丘吉尔认为学校的教育方式太刻板，方法太严厉。

在学校里，丘吉尔由于性格倔强没有逃脱挨打的遭遇。但他决不屈服，极力反抗，在挨打时拼命哭叫、踢打，有一次甚至把校长的硬草帽踩得粉碎。他心里非常痛恨这里的一切，十分怀念自己家里那种自由自在的生活。学期结束时，他的历史和地理学得较好，其他功课则都较差。学校给他下的评语是“淘气”“贪吃”。对他关怀备至的爱维莉丝特太太在他身上发现了多处受虐待后留下的伤痕，并喊他母亲也来看了。鉴于在阿斯科特的生活使丘吉尔的健康受到损害，后来根据家庭医生的建议，将丘吉尔转学到布雷顿一所由汤姆逊两姐妹办的学校中学习。与先前的学校相比，新学校里的环境要宽松得多。

尽管温斯顿·丘吉尔执拗、倔强的性格依旧，仍然是学校里最不守规矩的学生，但他再也不用担心受到体罚了。由于心情愉快，少受拘束，丘吉尔在布雷顿学校里的学习有了较大的进步。在这一期间，1886 年 3 月，丘吉尔生了一场大病，因患感冒而转成肺炎，一度高烧不退，甚至有生命危险。他的父母闻讯后迅即赶来看他时，他已是神志不醒，奄奄一息了，经过抢救才脱离危险。又进行了 1 个多月的精心治疗，他的病才逐渐痊愈。这场大病使他初次对人生有了较深的体验。

1888 年 3 月，丘吉尔结束了在布雷顿的学习。父亲伦道夫打算将他送到哈罗公学去接受进一步的教育，为他将来进大学深造打基础。本来温斯顿 · 丘吉尔应该被送到伊顿公学去读书。因为在英国，达官显贵家庭出身的子女，一般都根据其家庭地位按照约定俗成的惯例到相应固定的贵族学校学习。丘吉尔家族的子女通常都是进入全国最好的伊顿公学，伦道夫本人就是伊顿公学毕业的学生，他本来更愿意将温斯顿送到自己的母校去上学。但因为丘吉尔不久之前才患过肺炎，医生认为他肺气弱，而坐落在丘陵地带的哈罗公学，对于一个肺有毛病的孩子的健康，无疑会是大有好处的。好在哈罗公学被社会公认为是除伊顿之外的几所公学中最好的一所，或许直到今天也仍然如此。

3. 三考桑赫斯特学院

在哈罗公学学习期间，丘吉尔学习成绩很差，也几乎一直是倒数第几名。后来，综合考虑了种种因素之后，丘吉尔的父亲伦道夫勋爵决定让他将来投考桑赫斯特皇家军事学院。

为此，丘吉尔在哈罗转入了被其他同学嘲之为“笨蛋的乐园”的军事专修班，为将来投考军校做准备，丘吉尔在哈罗公学的学习生活很快就结束了。

桑赫斯特皇家军事学院当时每年需缴纳的学费为 150 英镑。该校学生几乎全部是出身于上流社会，因为在昂贵的学费之外，毕业成为军官之后仍需要家庭的金钱资助，所以贫寒卑微之家的子弟无法问津。

丘吉尔虽然在哈罗公学已经做了些准备，但他在投考桑赫斯特皇家军事学院时还是两次都名落孙山。为了替他补习法文，母亲将他安排到凡尔赛一个法国人家里生活了 1 个月，还为他介绍了许多巴黎朋友。丘吉尔很喜欢这段经历。他与这家人相处得很好，不仅能运用许多法文成语给妈妈写信，还养成了大胆讲法语的习惯，尽管他的口语很不规范，有些地方不合语法，但足以完整表达自己的意思，这一点对他后来与法国军政要人打交道显出了极大的用处。

丘吉尔回国后，他的父母又将他送到由哈罗公学校长推荐的詹姆斯上尉那里去补习功课。詹姆斯上尉开办了一所特殊的学校，专门给那些投考桑赫斯特军校的差生提供临阵磨枪的地方。甚至一些被人们认为愚笨的学生，经过在这里补习之后也能取得成功。为了提高通过率，上尉对过去的考卷进行仔细的研究，加以比较，列出可能考试的题目，有针对性地指导学生答题。

丘吉尔就是在补习学校里也不是一位好学生，他“漫不经心”“粗心大意”“总想当场对他的辅导老师指手画脚”，甚至提出历史课程没必要再接受辅导。丘吉尔可不算是一个“好学生”。

就在丘吉尔准备第三次投考之前，一件意外的事故使他中断了在补习学校的学习。丘吉尔去凡尔赛补习法语的这年秋天，他的姑母温伯恩夫人把她在伯恩默思庄园里的宽大别墅借给他们一家过冬。丘吉尔在寒假时也赶来这里与家人团聚，一起度过新年。1893 年 1 月的一天，丘吉尔与自己的弟弟和表弟玩追逐游戏。跌进了近 30 英尺深的山谷里，摔得头破血流，一只肾脏破裂，整整昏迷了三天三夜。他的母亲听说后及时地带着医生乘救护车赶来营救。经过 3 个多月的精心治疗，丘吉尔才基本恢复健康，重新开始了学习。

丘吉尔养伤期间因和父母住在一起，从而使他接触到政治活动。丘吉尔家是一些高层政治家经常聚会、讨论政治问题的地方，许多议员和保守党的中坚分子是他家的常客。他们谈论的话题逐渐引起了丘吉尔的政治兴趣，他尝试着用自己的粗浅政治知识去判断问题，当然更多的是受到谈话者的影响，他认为父亲辞去财政大臣职务是无法挽回的错误，结果导致了悲剧。伤好后他还常到下院旁听议会辩论，关心政局的变化，甚至向往着有朝一日父亲东山再起，他就会跟着父亲投身政坛，支持父亲的政治斗争。这段短暂的养伤生活，对丘吉尔未来的人生发展，起到了重要作用。

丘吉尔康复后继续在詹姆斯上尉的学校里进行补习，尽可能运用上尉的方法强化自己应付考试的能力，结果如愿以偿。1893 年 8 月，他被桑赫斯特皇家军事学院录取。成绩刚好及格，在 389 名考生中他名列第 95 位，遗憾的是这样的分数未能达到他父亲所期望的步兵专业的分数标准，但又大大高于要求较低的骑兵专业的分数标准。

丘吉尔是在国外旅行途中，从父亲的来信中知道这一结果的。考试之后，伦道夫勋爵即委托伊顿公学的年轻校长带丘吉尔和通常被称为“杰克”的约翰兄弟俩去瑞士作徒步旅行。后来他们还去了意大利，在到达米兰时收到了父亲的信。伦道夫在信中对丘吉尔考上桑赫斯特皇家军事学院只作了礼节性的祝贺，随即严厉地批评了丘吉尔，说他的考试成绩未能达到步兵专业的分数标准是“丢人现眼”，不容置辩地反映出“你懒懒散散、听天由命、轻率从事的工作作风”，警告他如果再不努力，就有可能堕落成为“社会废物”。

伦道夫勋爵之所以如此生气，既有经济方面的原因，也有体面上的考虑。因为步兵专业的学员只需要负担自己的生活费，而骑兵专业的学员除此之外还得准备几匹马，以供训练、运动、狩猎以及公务方面使用。这样每年至少得多花 200 英镑。大手大脚爱讲排场的丘吉尔一家在经济上本来就时感拮据，现在又需增加一大笔开支，无疑是一个沉重的负担。此外，伦道夫原以为经过补习，丘吉尔应该能考上步兵专业，所以他事先已向第60步兵团团长康诺斯基公爵要求在他的团里为丘吉尔预备一个职位，公爵业已同意。但由于丘吉尔只考上了骑兵专业，似乎只好放弃这个职位，这使伦道夫感到难堪。

丘吉尔的感觉则不一样。他很年轻，既感受不到经济的压力，对体面问题也不看重。只要能上军校，管他是步兵专业还是骑兵专业，他都无所谓。就他的性格特点而言，或许他更高兴学骑兵专业。但他在给父亲的回信中，还是为自己过去的种种过错而表示歉意，并保证“将用我在桑赫斯特的学习与行动力争改变您对我的看法”。发走信，他便又去进行愉快的旅行了。

等到丘吉尔回到伦敦，准备去桑赫斯特皇家军事学院报到时，才发现自己已经被转入步兵专业学习了。

4．军校生活

在桑赫斯特皇家军事学院，丘吉尔接受了真正的专业教育。这时的桑赫斯特皇家军事学院经过改革后，已经有了自己真正的特色专业教育，开设了射击、体操和马术操练、地形学、战术、军事管理和军法、挖战壕等科目。早上6点45分上课，下午4点放学，只有早餐和午餐的短暂休息时间，中间进行各种操练和训练。4点以后，学员可以自由活动，体育运动、逛街或者休息都可以，相对来说还是比较自由的。和丘吉尔中学期间严格的校纪校规相比，军校的纪律反而显得不那么严厉，在一个4个月长的学期中，只允许丘吉尔周

末回过一次家，为的是让他能够集中精力好好学习。

很显然的是，自从丘吉尔成为步兵士官生后，伦道夫已经不再把他当作小孩子看待，而逐渐以平等的态度相待，并给予他一定的尊重。伦道夫觉得儿子变得“漂亮潇洒起来了”，感到“他站得笔挺，逐渐变得稳重”。有时他把好牌子雪茄和香烟送给丘吉尔，和善地要他节省着抽。甚至他还带丘吉尔去白金汉郡的特灵，到纳撒尼尔·罗思柴尔德勋爵家去做客，并让儿子一起讨论政治问题。只是由于伦道夫勋爵的健康状况迅速恶化，父子间的这种新型关系未能持续发展下去。在母亲陪着父亲去世界各地旅行期间，丘吉尔通过家庭医生罗斯先生大致知道了父亲疾病的严重程度。这种近于灾难的状况一下子使年轻的士官生成熟起来，他除了写信给父母以更多的安慰之外，在军校里的学习也认真多了。

1895 年，丘吉尔的生活发生重大变化，这年元月，他的父亲过早地去世。他的外祖母伦纳德·杰罗姆夫人于同年 4 月病故。而对丘吉尔感情冲击最大的，恐怕还是同年 7 月老保姆爱维莉丝特太太的去世。虽然由于伦道夫勋爵患病导致家庭经济状况困窘，珍妮迫不得已辞退了爱维莉丝特太太，但老保姆一直得到丘吉尔家的资助。丘吉尔在她去世前去看望了她。在她死后不仅参加了她的葬礼，还承担了在她墓前为她竖立墓碑的费用。丘吉尔正担负起一个男子汉的责任。

军校的生活很随意，这里没有令人讨厌的拉丁文、希腊文及其他课程。他在这里的学习负担不重，可以阅读大量军事书籍。跑马场上的训练给丘吉尔带来了极大乐趣，军校生活激发了丘吉尔对未来的向往：他渴望像他的祖先马尔巴罗第一代公爵一样四处征战获取功名利禄。

在军校里，他广泛涉猎军事、历史、文学、政治等科学领域，阅读了大量文学和历史书籍。他刻苦学习军事知识，努力掌握军事技能，在学校的军事比赛中始终名列前茅。他有一种倔强自信的性格，每门课程必须保持在前三名，否则连续几个通宵不睡觉，也必须保住名次。他擅长军作和演讲，练就了富有特色的演讲本领。

就在伦道夫勋爵去世前夕，丘吉尔顺利通过了桑赫斯特皇家军事学院的毕业考试。在所有 130 名学生中，他的成绩名列第 20，这表明他在校学习期间有了长足的进步。桑赫斯特的生活让丘吉尔整个人发生了巨大转变，昔日那个顽劣的学生不见了，毕业时的丘吉尔是一个雄心勃勃、刻苦上进的年轻人。

丘吉尔在马术训练这一科目中的考试成绩最好，因而他萌发了加入骑兵部队的强烈愿望。他希望被分配到第四骠骑兵团，因为他原来就认识该团团长布拉巴松上校，他对这位威尔士亲王的好朋友、多次荣立战功的指挥官十分钦佩。

后来，丘吉尔请母亲给布拉巴松上校写信提出要求。上校很快回了信，出主意让他们请求总司令坎布里奇公爵同意。

公爵收到信后立即欣然予以批准。丘吉尔被正式任命为军官，并被分配到第四骠骑兵团。就这样，这位新任的骑兵中尉开始了自己的戎马生涯。

年轻时的丘吉尔

然而，那时的军官大都需要家庭的经济资助，骑兵军官更是如此。因而，丘吉尔实现自己愿望的同时，也意味着给他的母亲在经济上增加了沉重的负担。丘吉尔想说服母亲每个季度定期资助他125英镑，但是他很快就明白，母亲已拮据得无法满足他的要求。幸亏他的伯母、马尔巴罗公爵夫人丽莉资助他一些，否则他在经济上还要紧张一些。

丘吉尔从来就没有节俭过日子的意识，而他的母亲在这方面更是有过之而无不及。这位身为美国百万富翁的女儿挥霍惯了，伦道夫勋爵死后仅3年时间，她就欠下高达14000英镑的债务。偿还这些债务的唯一办法是借贷，她每年为偿付旧债需借贷700英镑，丘吉尔对这种陷入恶性循环的做法很不高兴，但出于对母亲的同情，他还是认可了这一做法。

他在给母亲的信中说："我同情您的一切铺张行为，甚至超过您对我的铺张的同情，正如您认为我花100英镑买一匹玩马球用的小马是一件要命的事一样，我也觉得您花200英

镑去买一件舞会礼服同样是件要命的事。然而我还是以为，您应当有舞会礼服，我也必须有玩马球用的小马，问题的关键是我们太穷罢了。”

丘吉尔出于无奈，只好自己借了一大笔钱，这虽然是一笔沉重的债务，但丘吉尔并不担心无力偿还，除了自己家族中他名下应继承的遗产之外，他还继承了外祖父杰罗姆馈赠给他的一份产业，而这份产业，即使是母亲珍妮也无权动用。

在骑兵部队服役期间，许多高级军官对丘吉尔青睐有加，乐意满足丘吉尔的愿望。在陆军总司令坎布里奇大公爵来奥尔德肖特正式视察期间，丘吉尔被挑选出来担任这位年迈的大公爵的侍卫官。在陪同坎布里奇视察的过程中，丘吉尔幸运地见到了威尔士亲王，还同10年前被父亲在担任印度事务大臣时派往印度任总参谋长、现在已是陆军元帅的弗莱德克·罗伯茨勋爵“进行了长时间的谈话”。几个星期之后，丘吉尔又应邀会见了约克公爵及其夫人，即后来的英王乔治五世和玛丽王后以及他们的叔父康诺特公爵。

丘吉尔严肃而孤僻的本性，同时使他几乎本能地与浮华生活保持着距离。虽然他已经在为军队中“思想呆板”的状况而深感苦恼，可他不想在轻松的社交活动中忘记这一点，而是想以求知的方式弥补它。他开始着手系统地读一些经济学和历史方面的书籍，先读了亨利·福西特的《政治经济学》，还计划继而对吉本的《罗马帝国衰亡史》和莱基的《欧洲的道德》等著作进行一番深入细致的研究，希望自己在不断充实的过程中获得进步。

丘吉尔从政的意识和素质都较强，对政治的感觉准确，眼界较高；既比较投入，又有一种超然之感，这对他投身政治大有益处。然而自此时到他登上政坛，其间他还有很长一段路途要走。

作为英国首相，丘吉尔的头上戴有许多流光溢彩的桂冠，他不仅是经邦治国的政治家、战争中的传奇英雄，而且还是一位著名的演说家和作家。青年时他著有《马拉坎德远征史》《河上战争》等，成名之后他的著作有《第二次世界大战回忆录》《英语民族史》《世界危机》《马尔巴罗的生平与时代》等。由于《第二次世界大战回忆录》等历史著作和演说，丘吉尔曾在1953年获得诺贝尔文学奖。

桑赫斯特一直没有忘记这位优秀的毕业生，在校园里建有以温斯顿·丘吉尔名字命名的丘吉尔大楼。

对于这所军校，丘吉尔曾指出：军校，给了今天成为将帅们的才华和智慧，使他们在许许多多漫长的斗争和苦难的岁月中，赢得了胜利，争得了辉煌。

两位杰出校友的幽默

蒙哥马利一直严于律己，洁身自好，从不吸烟喝酒。他认为，一个军人必须有健康的体魄，所以应该保持良好的生活习惯。在和丘吉尔首相第一次会面时，丘吉尔问他想喝点什么。他回答道，“水”。接着说，“我不吸烟，不喝酒，百分之一百的健康。”然而，丘吉尔却立即回答道，“我本人既吸烟，又喝酒，百分之二百的健康。”

三、一流的军事理论大师富勒

有人曾经说：“1914 年以前，大不列颠没有出过一个一流的军事思想家，可是 1918 年以后，一下子就出了两个：一个是利德尔·哈特富勒，另一个就是他的密友富勒。”而且，二战名将古德里安、隆美尔、巴顿、蒙哥马利、朱可夫等都一致将富勒奉为坦克机械化理论的“开山鼻祖”“一代宗师”！

富勒出身于英国一个中产阶级家庭，8 岁时随父母在瑞士洛桑居住，11 岁时返回家乡英格兰，寄宿在一所预备中学，少年时的富勒已经表现出很强的写作能力，几年的独立求学生活也使他思想变得成熟。考虑其前途和实际情况，富勒被安排到陆军军官学校学习，准备让他进入桑赫斯特皇家军事学院。不过，当时的桑赫斯特皇家军事学院入学考试十分严格，

富勒像

没有经过系列严格教育的富勒很难通过这个考试，在军官预备学校的学习也并不能帮他多少忙。因此在1895年富勒又转到伦敦为应付军事学院入学考试专门开办的一所填鸭式学校继续两年的求学。在这里，富勒除拉丁文学习外，在其他科目都取得了较好的成绩，特别是在地理、历史和绘画上，他更表现出独特的能力。

1. 入学时的“丑小鸭”

1897年，富勒以优异的成绩顺利通过桑赫斯特皇家军事学院的考试，但这样并不能取得桑赫斯特皇家军事学院的后备军官的学生资格。因为富勒在身高、体重等方面都未能达到学校的要求，已经19岁的富勒身高才1.63米，体重也仅51公斤，大家都叫富勒“丑小鸭”。学校虽然允许富勒参加课程学习，但要求他必须在学业结束前达到相关要求，否则将取消他的候补军官资格。

“丑小鸭”的绰号和学校的种种要求刺痛了富勒的自尊心，也激起了他的斗志。他决定要一边锻炼身体，一边发奋读书。在校期间，富勒如饥似渴地阅读了大量人文学科的著作，哲学、艺术、历史、文学等方面无不涉猎。其范围之广、数量之多，即使以今天来看，都是令人吃惊的。

在桑赫斯特皇家军事学院求知若渴的富勒几乎成了“书痴”，一切人文科学他都深深地迷恋、沉醉其中，他的思索更深，交往更少，清心寡欲，日益孤僻。尽管富勒并不喜好学

院设置的课程，也没有全身心于军事领域，但他时间抓得很紧，丝毫没有放松对自己的修炼，他比同龄人积淀了更广博的学识。丰厚的哲学基础、独到的历史眼光、精湛的文学造诣，使富勒的思维稍稍用于军事，便能够发现其他人不能觉醒的军事“痼疾”。

2.“发难”长官

当时的桑赫斯特，太过于保持传统，太过于沉湎历史的辉煌，经常传诵着中世纪的战法，津津乐道于当年威灵顿大败拿破仑的战绩，在对长枪马刀的玩味中饱食终日、无所用心，而对于日新月异的火炮、崭露头角的机枪等速射武器，却是充耳不闻、熟视无睹。

当教官们在课堂中口若悬河地大讲上百年来的传统理论时，矮小的富勒站起来提出了大胆的质疑，显示出不囿于传统的叛逆精神和时代意识。这些观点不仅针对学校的教学内容，更是针对整个陆军的根基和荣誉，这无论如何是需要巨大勇气的。富勒充分表现出了不囿于传统、勇于思考和杰出的军事天赋。不过，这种表现不仅没有使他获得好成绩，还使他留下了一个不虚心学习、好向长官“发难”的名声。

经过不懈的努力，富勒不仅在学业上达到了学校的要求，而且身体素质有了明显提高。一年后，英国陆军修改了后备军官在身高、体重等方面的要求，富勒都达到了标准，“丑小鸭”

终于变成了“白天鹅”，20 岁的富勒从此开始了他崭新的军官生涯。校长在他的毕业评语上写道 :“他必将成为有影响的军事理论人才。”

3. 钻研军事

富勒军旅生涯并不平坦，在其坎坷的一生中，无论处于何种境遇，他都始终不懈地进行军事探索和研究。

1898 年 9 月，富勒到牛津州 43 军的步兵营任见习军官，刚到部队的富勒，对整天玩耍取乐的生活十分反感，他把大多数时间用于读书，把书籍看成是“亲爱的朋友”。他几乎不参加军官之间举行的社交活动，加之说话十分尖刻，这使青年时代的富勒显得性格孤傲，十分不合群。上司认为他古怪又傲慢，同事对他也没有好感。对于这种处境，他并没有想到要改变自己，而是继续我行我素。富勒花了一些精力了解其他兵种，主要是骑兵部队的情况，这对于他日后深刻地了解坦克部队，提出机械化战争理论是非常有益的。

1900 年，到部队仅两年的富勒参加了布尔战争，在战争中富勒很快展露出天赋，他在后勤保障和情报侦察方面有不俗的表现，获得上级的通电表彰并晋升为中尉。布尔战争是富勒自学生涯的一个重要阶段，在两年多的时光里，他阅读了近 200 卷书，范围非常广泛，文学、历史及艺术等书籍均饱览无余。1903 年，部队开往印度，在印度的日子是他自学的第二个重要时期，他阅读了大量的哲学、宗教学和历史学

方面的著作。读书之余，他开始了自己的创作生涯，1907 年，发表了处女作《西方之星》。

1913 年，富勒进入坎伯利参谋学院，学习期间，提反对意见和批评意见时，富勒的声音总是最响，他从不轻易接受传统的说教。在这期间他写了许多论文，这些文章充分展示了他“批判”的个性和卓越的才华。对于传统军事思想的轻视使他赢得了“反传统战士”的称号。

第一次世界大战爆发时，富勒仅是一名不太知名的上尉，而当大战硝烟尚未散尽时，他就以创新的思想和实践赢得了世界性声誉，在军事领域受到敬重。1915 年 7 月，富勒在强烈要求下离开了后勤运输岗位投身前线。1916 年 2 月，就发表了《从 1914–1915 的战役看作战原则》，对《野战条令》进行猛烈抨击，并提出自己的纵深突破理论以及 8 项作战原则。这篇文章意味着富勒已经不再局限于眼前的事务，而是开始对整个战争规律和未来陆军发展方向进行探索。

4. “坦克——就是它”

1916 年 7 月，富勒被任命为第 3 集团军副参谋长，并由此结识了一大批志同道合的同事。随着战争进程的发展，富勒的突破思想开始深入人心，但这时的问题是缺乏一种胜任重大军事变革的武器。8 月的一天，当富勒突然看到一种“钢铁动物”——体形奇怪的菱形坦克时，立即兴奋地叫起来：“坦克——就是它！”从此，富勒就和这个铁皮怪物结下了不

英国最初的坦克

解之缘。当时，这种在美国“霍尔特”型拖拉机基础上改进而来的坦克，履带由车体顶部两侧环绕，后部则是两个用以控制方向和增加稳定性的大车轮，机枪置于车身两侧，这种实现了机动、防护与杀伤三者合一的新型武器，正是富勒要找的能够进攻的“活动堡垒”。

索姆河战役开始后，富勒在集团军司令部全面分析坦克在战争中使用的利弊，研究坦克运用的方法。他在文章中指出，坦克的使用必须贯彻集中的原则，大量地集中使用在重要地区和主要方向上。命运终于垂青了大声疾呼的富勒，英军新组建的坦克部队选择了他担任副参谋长。上任后的富勒开始深入了解坦克的各种技术数据和性能指标，每天和参谋们在实地研究坦克战术。富勒敏于思考、富有创见，迎来了他军旅生涯中最辉煌的日子。1917 年 2 月，他撰写了《第 16 号训练要则》，形成了比较系统完整的坦克作战理论体系。1917 年 11 月康布雷战役中，在富勒的指挥下，英军集中 381 辆坦克突然袭击，突破了德军铺设的反坦克壕，实现了战线上的重大突破。英军以不到 4000 人的伤亡，消灭了大量德军，仅俘虏就达到 4000 人。后来德国陆军司令兴登堡在总结中写道：

“英国在康布雷战役的进攻第一次揭示了用坦克进行大规模奇袭的可能”，富勒也由此奠定了坦克战权威的地位。

1918 年，富勒的机械化战争思想已基本确立，同年 8 月完成了《1919 计划》,这一计划准确地预见了未来战争的特点，系统地描述了新的作战形式，标志着富勒军事思想的形成和机械化战争理论的基本成熟。同时富勒还首次描述了坦克和飞机协同作战的构想，强调了飞机在保持制空权的同时协同打击地面目标，还具体勾画了联军的作战方案。但遗憾的是，这一被西方军事家一致认定的“战争史上的经典文件”没有被英军统帅部采纳，相反倒被后来富勒的学生——德国名将古德里安采纳，并在 1940 年将英军打得狼狈不堪。

第一次世界大战结束后，富勒在一段时间里，一直怀才不遇。这时的坦克，噪音极大，震动剧烈，又没有减震、通风装置，乘员在里面饱受震荡、轰鸣、闷热之苦，晕头转向，没有人能够待多长时间，可以说是旁观者讥其笨拙，乘员们抱怨“遭罪”，刚刚吊起人们胃口的“钢铁动物”，带给人们的是失望、扫兴，甚至唾弃。“可爱的机械玩具”，就成了人们对它的戏称。

在和以黑格为首的“骑兵内阁”等势力的冲突中，富勒言语激烈，得罪了相当多的官员，这只能使他在总参谋部的处境日益恶化。他曾经给自己的好友利德尔·哈特的信中写道：“享受人生的最好方法就是做一个知识的流浪者。”1923 年 1

月，富勒出任坎伯利参谋学院主任教官。在院长支持下，他对参谋学院的校风进行整顿，反对机械的教育方式，提倡以扩充知识面为核心的复合型教育。富勒的思想通过学生传播到部队各个阶层，而他自己也完成并出版了7本专著。

1926年2月，在其好友，英国另一位杰出的军事理论大师利德尔·哈特的推荐下，富勒出任总参谋长米尔恩上将的军事助理。然而，在总参谋长身边工作的富勒并不懂得思想和人际关系在改革过程中必须同步进行的道理。他的激烈思想和尖刻语言丝毫没有改变，这注定了他不可能在这个位置上待太久。

辞职后的富勒把全部精力投入军事理论和军事历史研究。在1927年以后的6年里，先后出版了9本专著，包括影响历史的《装甲战》。这本书在英国陆军几乎无人问津，而德国却将其翻译为德文，装甲部队军官几乎人手一册，使德军的名将们如饮“甘泉”，倍感“亲切”，奉为“宗师”。1936年，当古德里安指挥第2装甲师在演习场上实践《装甲战》思想时，还专程把已经退役的富勒请过去，奉为上宾。

1939年，面对德军所向披靡的坦克集群，所有人都认识到富勒思想的正确性了，但已经太晚了，英军为此付出了沉重的代价。

1961年，富勒完成了《战争指导》，这本书可看作是他毕生军事理论研究成果的精华，这是一本全面研究战争问题的论著。利德尔·哈特认为是富勒写得最好的一本书。

1966年2月，在完成他的第45本专著《朱列叶斯·恺撒——男人、军人、独裁者》之后，这个军事理论界的伟大的“流浪者”离开了人世。

终其一生，富勒的一位亲密同事给他的中肯评价是：

他个子不高，有些秃顶，鼻子有一点拿破仑的特征；他是一个思想敏锐丰富、表达流利清晰、善于博采众长的人，是一个精力旺盛、创作似乎永无止境的思想者；他不适宜做军事主官，甚至也不是一个出色的指挥官，但他是一个最称职的参谋长，他总能不断发展和完善新的思想，而具体执行的则是别人。

四、在桑赫斯特学习的王子

众所周知，英国国防政策虽然由政府制定，但很多重要意见和建议来自众多民间智囊机构，这些机构的成员主要是退役将领和曾在军队服役的王室成员、贵族，具有从军经验的王室成员对国防建设拥有巨大的影响力。也因此，从军一直是英国王室的优良传统。

在英国历史上，曾有过一段时间，国王和王子们都要在战场上冲锋陷阵，有些人还因此受伤或是牺牲。英国现在的威廉王子的父亲查尔斯、叔叔约克公爵、祖父菲利浦亲王、曾祖父和曾曾祖父都参加过海军，因此，在桑赫斯特皇家军事学院学习的王子们一直都是人们关注的焦点。

威廉王子

英国军队一位发言人说，威廉王子总有一天会成为英国武装部队统帅，让他了解战场情况非常正常。

威廉王子出生于1982年6月，1995年，他考取了著名的伊顿公学——这是因贵族名门、政治家和作家而出名的学校。他学习出色，爱好运动。参军是威廉王子所一直向往的。他在2004年就曾经表示，拿到圣安德鲁斯大学地理学学位以后，他将考虑进入军界。

桑赫斯特的校长在接受英国广播公司采访时表示，他很荣幸威廉王子决定选择这所军校。但他同时指出，作为一名23岁的大学毕业生，威廉王子可能与他的同龄人们有很多相似的地方。每天工作的时间大大少于他们睡觉的时间，但是在军校这个时间分配要完全颠倒过来。他说，周一早晨6点威廉王子就要起床，然后领取全套装备。这位校长最后还加上一句，尽管威廉王子目前的发型很适合运动，但是他恐怕还是得再接受一次“发型整理”。

1．“吃尽苦头”

2006年1月，威廉进入桑赫斯特学习，就读后和其他新兵同学相处得非常融洽。威廉在军校表现也很出色。桑赫斯特前5周军官训练课程是威廉20多年人生中面临的最大身心挑战。他将学习如何开枪，在几分钟内把被子叠成平整的“豆腐块”，接受核武器和生化武器方面的训练，进行攻击演习……最恐怖的是曾把哈里王子累得半死的“魔鬼训练”，——肩扛一个约 25 公斤重的帆布背包，腰系特制的宽边腰带，头顶一个钢盔，手拿一支 10 公斤左右的 SA80 冲锋枪，连续 8 小时跑 10 英里（约 16 公里）。桑赫斯特的一名教官“保证”说，威廉一定会“吃尽苦头”。

虽然威廉在将来可能会成为英国国王和英国三军总司令，但在桑赫斯特，这位“威尔士王子殿下”的称呼被降格为“威尔士见习军官”，和诸多新考入的学员一样。

校长安德鲁少将表示，他不会给威廉王子任何特殊待遇。像别人一样，他的房间里只能摆两张照片，在训练前 5 周不能离开学校半步，也不能与家人和女朋友有任何联系，直到通过 5 周后的考核，才能获得一次外出机会。其实，威廉王子本人也不希望得到“差别待遇”，因为他认为这是“最耻辱的事情”，即便奔赴火线也要和战友共同进退。

2. 被罚“站墙根”

有一次，威廉驾着一辆微型摩托车穿过学院的阅兵广场，他本以为这个恶作剧能引来同伴们的笑声，可是没料到，一位军官将他拦下来并大骂道：“立即让这该死的摩托车从我的阅兵广场上消失！”随后，他被罚“站墙根”挨训。

一名内部人士透露，这是他们听过的最严厉的一次批评，

"估计以前从没有人这样和威廉王子说过话。"

3."艰苦的任务"——打扫军校厕所

威廉王子在桑赫斯特皇家军事学院中还接受了一项"艰苦的任务"——打扫军校厕所。报纸渲染道:"在打扫厕所的工作中,威廉王子不得不卷起衣袖,戴上橡皮手套,像清洁工人一样蹲下身子,用抹布将厕所地面一点一点地擦洗干净。据悉,军校检查官还对其进行检查。厕所内必须不能留下一个污点,他们的打扫才算过关。"

不过,威廉王子有时还是会享受到小小的"优待"。作为一个标准的足球迷,威廉王子将接任他的叔叔安德鲁王子出任英格兰足协的主席。"世界杯"在德国举行,而威廉王子此前曾表示,他不愿错过任何一场英国队的比赛,甚至还传出过他为了看比赛企图当"逃兵"的传闻。据悉,军校届时可能会为这位"足协主席"开绿灯,而其他的足球迷也能沾他的光,共享足球盛事。

在威廉王子入校的同时,他的弟弟哈里王子的军校生活还剩下 3 个月。两兄弟虽然成了校友,但见面机会却很少,因为威廉将与新生一起待在老校区,而哈里却在新校区。安德鲁少将表示:"我想他弟弟(哈里)会向他传授一些经验,但他们很少有机会接触。"威廉王子此前曾开玩笑说,他把弟弟看作"试验用的小白鼠"。

不过,这只"小白鼠"更像是一只"软脚虾"。在一次野

营拉练中，哈里拿着地图和指南针还差点迷了路，跑了没多久就体力不支，被教官训斥为“跑得像个跛脚老太太一样”。到达目的地后，他苦不堪言地说：“再跑下去只怕要出人命了！”后来，哈里又因脚上起了水泡而逃掉了几次拉练。英国博彩公司甚至还设了赌盘，赌哈里是否能顺利毕业。

实际上，英国王室把捍卫皇家荣誉的希望基本放在了威廉王子身上，毕竟他是以“1类成绩”通过桑赫斯特首轮录取测试的，而且还是要在将来成为一代君王的人。

虽然哈里的表现不尽如人意，但怎么说也算是威廉的“师兄”，他在毕业时将被授予少尉军衔，到时威廉将不得不向弟弟敬礼。哈里也曾开玩笑说，他很期待哥哥在校园里向他行军礼。不过，他的得意持续不了太久，因为拥有大学学位的威廉在从军校毕业时将被授予更高的军衔。

威廉王子从桑赫斯特军校毕业，接受英国女王的检阅

桑赫斯特皇家军事学院的教官们对威廉王子非常满意，一名内幕人士说：“威廉王子对步枪的使用和参加严酷的越野长跑时，都表现得非常出色。”而且，此前在接受英国媒体采访时，威

廉王子也公开表示，自己愿意在军校毕业后赶赴前线。

从桑赫斯特学院毕业后，威廉最少还要在军中服役3年。据悉，他非常希望能有机会成为一名直升机驾驶员，为此，他在入校前还专门学习了驾驶战斗机。

有人说，威廉王子今后有可能最终成为英国武装部队总司令,因为这个位置在传统上一直由英国君主执掌。无论如何，我们衷心祝愿桑赫斯特皇家军事学院多培养出一名军中豪杰。

哈里王子

哈里王子出生于1984年9月，活泼好动，热衷体育运动。足球、橄榄球、马球、游泳和滑雪等都是哈里喜爱的项目，他对橄榄球尤其擅长，获得了英国橄榄球联盟的教练资格。

哈里从小就对军队生活充满兴趣，在伊顿公学念书期间，他就通过了层层严格选拔，穿上笔挺的军服，担任学校一年一度的三军学员仪仗队队长。但是由于屡次惹出事端和麻烦，曾一度遭到公众的批评。2002年，还未满18岁的哈里王子曾因吸食大麻和酗酒惹出争议；2004年，他又卷入了一场与小报摄影师打架的风波；2005年1月，哈里身穿纳粹军服参加化装舞会更是引起国际社会的愤怒和谴责。另外，关于他的桃色绯闻也一直源源不断。为此，这位王子在中学时一直刻苦学习，到2003年6月毕业时，他如愿拿到了双A的优异成绩，3个月后，哈里成功地通过了英国正规军任命委员会的首轮考核。

2005 年 6 月 21 日，哈里王子正式进入桑赫斯特皇家军事学院接受训练。经历了一段时期的严格军事训练后，如今的哈里似乎已经开始成熟、懂事，更明白自己所肩负的责任和使命。哈里曾经坚决表示，在他的军官训练教程结束后，他愿意在前线服役。他说：“我不可能在完成桑赫斯特军校的课程后稳坐家中，而看着我的伙伴们为国作战。这听起来可能是很爱国的话，但它是真的。”

毕业后不久，哈里加入英国著名的皇家骑兵团，还可能随团开赴伊拉克或者阿富汗。皇家骑兵团是英军中最为著名的精锐部队之一，它的装甲部队曾经参加过马尔维纳斯群岛和海湾战争等。目前，除了在波斯尼亚和科索沃的维和任务以外，这支部队还负责英国皇家的仪仗工作，还将参加驻伊英军的轮换。

哈里王子在桑赫斯特

五、异域国王侯赛因

约旦国王侯赛因，1935 年出生，1952 年 17 岁时进入桑赫斯特学习，期间发生了很多让人们津津乐道的轶事。

学院的纪律尽管十分严格，但年轻人好恶作剧的天性还是时常有所释放。

一天早晨，侯赛因正欲骑自行车去听一个重要的讲座，却发现自己的车胎被人放了气。（在学院里，为了行动方便，学员们都备有单车）。当然，侯赛因除了这辆自行车外还有一辆摩托，可此时，车胎没气，摩托正好又不在身边。侯赛因情急下，只得跑步去那个讲堂。结果自然是迟到了，讲课的教官投来令人十分难堪的目光。怀有阿拉伯人强烈荣誉感的年轻好强的侯赛因，无法忍受这样的委屈，他决心找出肇事者，好好教训他一番，可年轻的他缺乏当侦探的素质，一无所获。他也无意向主管纪律十分严厉的军士长洛德先生告状，决心自己来执行惩罚。他想出了一个孩子式的报复计划。

当天夜里，当学员们都已进入梦乡后，侯赛因悄悄起床，不顾冰冷的地面，光着脚溜出营房，钻进车棚。他先把自己的自行车放到一边，然后一个个拧开其他学员的自行车气门芯，一口气放瘪了十几辆车胎。“即使怀疑我干的，也抓不着任何把柄，看他们怎么办！”想象着第二天同学们的狼狈样，侯赛因钻进被窝后竟睡得格外香。

这毕竟只是年轻人的恶作剧，侯赛因正直、善良、仗义的精神却在另外一件事上表现得分外明显。一个周五晚，侯赛因有事外出，不知哪个学员弄响了火警装置，顿时，学院里警铃大响，乱成一片。不多久，消防车过来了，一阵忙乱，却未发现任何起火的地方。正常的秩序被打破，这可是过去从未发生过的重大事故。学院当然要追查，但到周六下午，也没找出肇事者，更没人主动站出来承认。院长宣布，星期日取消休假，所有人员一律不准外出，从里到外继续追查。

为一个可能是无意中的失误，却殃及全体，侯赛因决定站出来，“那件事是我干的，是我触动了警报器。”院长说:“可你当时并不在学校啊！”侯赛因回答道：“可当时还有很多学员都不在学院,您却决定要处罚所有的人！”院长一下明白了，立即宣布对当时不在学院的人取消禁令，侯赛因一下成为学员心目中的英雄！

六、成就不一的桑赫斯特毕业生们

连赢九仗的陆军元帅黑格

黑格，1861 年出生于爱丁堡，曾在牛津大学接受教育。他在牛津的三年生活使他的学术水准远远超过一般职业军人，1885 年加入陆军时，他的年龄和所受教育都令人刮目相看。汉密尔顿将军曾经评论说：“黑格出生时虽然口里并未含着银汤匙，但可能手上握有一枝银钢笔，因为他随时都在准备计算。”

黑格没能在牛津拿到学位，因为他中途因病休学一学期。他决定不再补学落下的课程而改选陆军为终身职业，1884 年 2 月考入了桑赫斯特皇家军事学院。1884 年 12 月，他以第一名成绩毕业，当时就有人预测他将会升到最高指挥官的地位。

1914 年 8 月，他指挥英国远征军第 1 军；1915 年 12 月，升任远征军总司令，到 1918 年 11 月，这支兵力已经增到 196.89 万人。他任总司令到 1919 年 4 月为止，1928 年逝世。逝世之前，黑格就已引起了很多的争论，而在他死后，这种争论仍继续了很长时间。他曾经一连赢得九次胜利，这在英国军事史上是空前的纪录。

深具缅甸情怀的亚历山大元帅

亚历山大，1891 年 12 月出生于爱尔兰，1911 年毕业于桑赫斯特皇家军事学院，毕业后任爱尔兰近卫军少尉军官。1940 年敦刻尔克大撤退中任第一军军长，组织英军安全撤回英国。亚历山大在第一次缅甸战役中，作为缅甸军总司令，在战争中表现出卓越的领导和指挥才能，并且目睹了中国军队的厉害和仁义。

1940 年 9 月，日军侵占越南后，直接威胁缅甸等英属殖民地，英国在日本咄咄逼人的进攻面前，迫不得已和中国加强联系，屡次要求中国派遣远征军入缅作战。1942 年 4 月，英印军第 1 师在缅甸仁安羌被日军包围，弹尽粮绝，已无力再战，师长报告亚历山大将军，请求火速解救，否则就要投降。中国远征军新 38 师师长孙立人说：“不能投降，投降就是同盟国的耻辱。”亚历山大说：“怎么办？”孙说：“要去救。”亚说：“谁去救？”孙说：“我去救。但有两个要求，一是在两个小时内给我 80 辆汽车，二是 48 小时内不准投降。”亚历山大答应了。

新 38 师迅速前进，先头团 113 团官兵分乘 80 辆汽车在运动中被敌发现，展开激烈的战斗，日军伤亡惨重，被迫撤退。英印军第 1 师和装甲第 7 旅官兵 7000 余人，各种车辆 300 多辆，以及被日军俘去的英军、美国教士、新闻记者等 500 余人被救出，这一举动震惊世界。被救的英军官兵个个热泪盈眶，纷纷高喊：“中国万岁，中国军队万岁！”仁安羌大捷一扫英国人对中国军队的偏见和轻视，亚历山大对新 38 师舍生忘死解救英军的行动深怀感激之情，建议向孙立人将军颁发“大不列颠帝国司令”勋章，该勋章是英国级别很高的荣誉，受勋者都要加封爵士爵位。

特种战争专家独眼元帅韦维尔

阿奇博尔德·珀西瓦尔·韦维尔，1883 年 5 月出生于科尔切斯特的一个军人世家。17 岁时考入桑赫斯特皇家军事学院，一年后，以优异的成绩顺利毕业。之后赴南北服役，参加了英布战争，战后被派往印度服役 9 年，期间，他努力学习军事，1909 年考入英国坎伯利参谋学院，毕业时是该期学员中仅有的两名全优毕业学员之一。后来又前往俄罗斯学习了两年俄语。1914 年，韦维尔出任英国第 3 步兵师少校军官，参加了第一次世界大战，并在战争中头部负伤失去左眼。

一战后英军进行裁减，很多优秀的军官失去了晋升的机会，在战争中失去左眼的韦维尔一直到 1934 年才被晋升为少将。1937 年，韦维尔调任巴勒斯坦英军司令，并开始了他的写作生涯。韦维尔一生在军事上的大作为真正开始于 1939 年，此时他在埃及指挥中东地区仅有的 5 万英军，开创了特种战争与德国名将隆美尔进行较量。当时，与意大利军队的 50 多万人相比，韦维尔的部队兵力很少且训练不够，装备与弹药都很缺乏，然而韦维尔却深知中东在地理和战略方面的重要性。

因此，在 1940 年 6 月初丘吉尔决定从韦维尔的部队中抽调 8 个营去欧洲战区时，韦维尔与英军总参谋长协商后，延缓了丘吉尔的命令，从而保证了当 6 月 10 日意大利对英国宣战时，驻扎在中东的英军拥有一定的实力，但却因此得罪了丘吉尔。

桑赫斯特始终坚持的办学宗旨是："使军官学员全面了解自己所从事的职业及担负的职责，培养基本的领导和管理才能、纪律观念和责任感，提高身体素质。"200 多年来，她秉承宗旨，培养了不计其数的英勇军官，积淀了遒劲有力的至理名言，给毕业学员留下了挥之不去的印象和一生的影响，借用一位毕业生的感悟说，"桑赫斯特给了我们发展的头脑和应付千变万化、扑朔迷离的战争环境的才能。在充满战争的社会里，她给了我们特殊的军事技能，它为作为信仰的维护者与和平的卫士提供了一片天地。"

一、蒙哥马利格言

——培养有道德、有知识、有强健体魄的军官去领导英国士兵，是桑赫斯特皇家军事学院义不容辞的职责。

——古老而闻名的桑赫斯特，以独具魅力的风格，塑造了一批杰出的军事人才，不仅让皇家感到尤为自豪，而且令世界瞩目。

——我们军人并未赢得战争；我们的刀是遵照我们的政治领袖的命令拔出鞘来挥动的；战争是在政府首脑的指挥下，军民组成一体，合全国之力赢得的。

——一个国家的真正力量不在于武装部队，而在于民族性格，在于人民，在于他们的工作能力和充沛精力。

——制止危险的唯一现实的方法是消除它的起因。

——在战争威胁面前绝不可踌躇和畏惧，只有毫不畏惧地制止战争才会有和平。

——我的军人生涯教导我，当你面临一个极其棘手、极其复杂的局势时，你必须保持清醒的头脑。你必须单刀直入，把一切无关紧要的枝节问题都撇在一边。

——任何部队其指挥和管理体制必须简单明了。

——命令不应成为讨论的基础，而要成为行动的基础。

——军事训练使军人具有一定的行为准则，并成为有纪律的人。

二、富勒格言

——战争指导，就像医生给病人看病一样，是一门艺术。医生的目的是预防和治疗人体的疾病，减轻疾病给人体带来的痛苦。政治家和军人的目的，则是预防、治疗和减缓国家“身体”上的“疾病”——战争。

——战略必须服从于政治。

——大战略的目标是要求有利的和平，并不是要把对方完全歼灭。

——无论是防御或进攻，都不存在内在的强弱的区别，它们是相辅相成的行动，至于哪个更适应，主要是根据具体的环境来决定。

——倘军队机械化不为军人所自动采用，则亦必为环境逼迫而成。

——军事科学不能成为精确的科学，因为它主要是和人的活动有关。

——战争也和其他任何一种社会活动一样，必须在科学的基础上进行研究。

三、丘吉尔格言

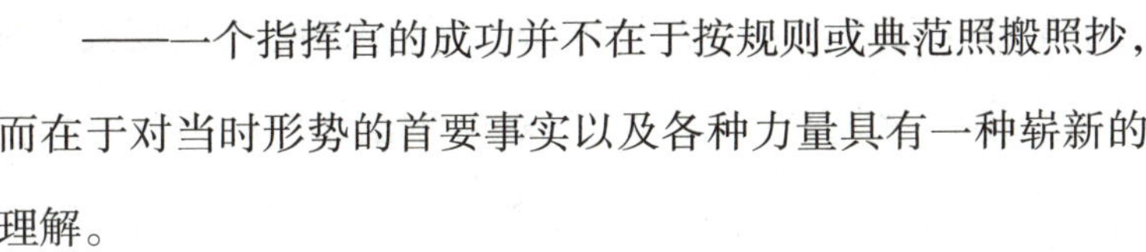

——一个指挥官的成功并不在于按规则或典范照搬照抄，而在于对当时形势的首要事实以及各种力量具有一种崭新的理解。

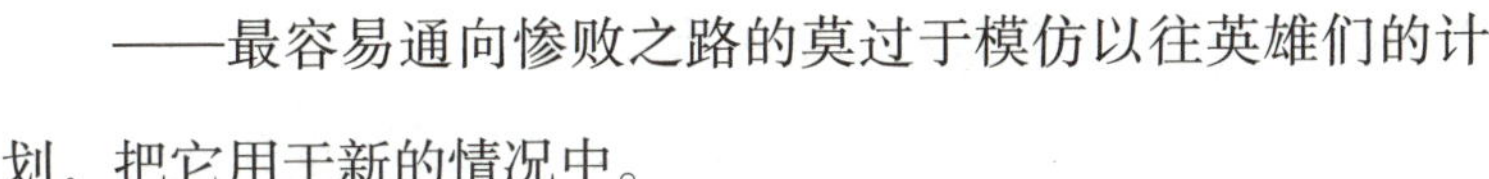

——最容易通向惨败之路的莫过于模仿以往英雄们的计划，把它用于新的情况中。

——战争时坚决刚毅，和平时友好亲善；失败时顽强不屈，胜利时宽容敦厚。

附　录

一、丘吉尔出任首相后的首次演讲[①]

上星期五晚上，我接受了英王陛下的委托，组织新政府。这次组阁，应包括所有的政党，既有支持上届政府的政党，也有上届政府的反对党，显而易见，这是议会和国家的希望与意愿。我已完成了此项任务中最重要的部分。战时内阁业已成立，由五位阁员组成，其中包括反对党的自由主义者，代表了举国一致的团结。三党指挥机构已加以充实。由于事态发展的极端紧迫感和严重性，仅仅用一天时间完成此项任务，是完全必要的。其他许多重要职位已在昨天任命。我将在今天晚上向英王陛下呈递补充名单，并希望于明日一天完成对政府主要大臣的任命。其中一些大臣的任命，虽然通常需要更多一点的时间，但是，我相信议会再次开会时，我的这项任务将告完成，而且本届政府在各方面都将是完整无缺的。

我认为，向下院建议在今天开会是符合公众利益的。议长先生同意这个建议，并根据下院决议所授予他的权力采取了必要的步骤。今天议程结束时，建议下院休会到 5 月 21 日

① 摘自《丘吉尔经典演讲词赏析》，长江文艺出版社。

星期二。当然，还要附加规定，如果需要的话，可以提前复会。下周会议所要考虑的议题，将尽早通知全体议员。现在，我请求下院，根据以我的名义提出的决议案，批准已采取的各项步骤，将它记录在案，并宣布对新政府的信任。

组成一届具有这种规模和复杂性的政府，本身就是一项严肃的任务。但是大家一定要记住，我们正处在历史上一次最伟大的战争的初期阶段，我们正在挪威和荷兰的许多地方进行战斗，我们必须在地中海地区做好准备，空战仍在继续，众多的战备工作必须在国内完成。在这危急存亡之际，如果我今天没有向下院做长篇演说，我希望能够得到你们的宽恕。我还希望，因为这次政府改组而受到影响的任何朋友和同事，或者以前的同事，会对礼节上的不周之处予以充分谅解，这种礼节上欠缺，到目前为止是在所难免的。正如我曾对参加现届政府的成员所说的那样，我要向下院说："我没有什么可以奉献，有的只是热血、辛劳、眼泪和汗水。"

摆在我们面前的，是一场极为痛苦而严峻的考验。在我们面前，有许多漫长的斗争和苦难的岁月。你们问：我们的政策是什么？我要说，我们的政策就是用我们全部能力、用上帝所给予我们的全部力量，在海上、陆地和空中进行战争，同一个在人类黑暗悲惨的罪恶史上所从未有过的穷凶极恶的暴政进行战争。这就是我们的政策。你们问：我们的目标是什么？我可以用一个词来回答：胜利——不惜一切代价，去赢得胜利；无论多么可怕，也要赢得胜利，无论道路多么遥远和艰难，也要赢得胜利；因为没有胜利，就不能生存。大家必须认识到这一点：没有胜利，就没有英帝国的存在，就没有英帝国所代表的一切，就没有促使人类朝着自己目标奋勇前进这一世代相因的强烈欲望和动力。但是当我挑起这个担子的时候，我是心情愉快、满怀希望的。我深信，人们不会听任我们的事业遭受失败。此时此刻，我觉得我有权利要求大家的支持，我要说："来吧，让我们同心协力，一道前进。"

二、丘吉尔关于成功的著名一分钟演讲[1]

1948年，英国牛津大学举办的一个题为"成功秘诀"的讲座，特意请来了桑赫斯特优秀毕业生丘吉尔为大学生演讲。牛津大学的大学生听说丘吉尔要来大学演讲，就都报了名，准备到那天来聆听这为名人的演讲，发自内心地想听听丘吉尔这位伟人对"成功秘诀"的真知灼见。

丘吉尔演讲那天，大厅里已经是人山人海，大学生都提前来到了会场，就连世界各大媒体的许多记者也早早赶到了会场，准备采写一篇关于丘吉尔演讲的报道。在大家的翘首期盼之中，丘吉尔这位威震欧洲、身材魁梧的首相，准时来到了演讲会场，然后迈着军人的步伐走上了演讲台。

① 摘自《丘吉尔经典演讲词赏析》，长江文艺出版社。

随着丘吉尔登上演讲台，看到丘吉尔那魁伟的形象，台下的大学生情不自禁地响起了热烈的掌声。丘吉尔见之挥了挥手，用手势制止了大家的掌声，说："我的成功秘诀有三个：第一是，决不放弃；第二是，决不，决不放弃；第三是，决不、决不、决不能放弃！"演讲完后，丘吉尔就走下了讲台！

丘吉尔的一分钟演讲完成了，在会场沉寂了片刻之后，台下的听众突然爆发出了热烈的掌声！

三、1943年12月30日蒙哥马利在瓦斯托城告别会上向第8集团军总司令部官兵的告别演讲[①]

亲爱的官兵们：

在这里讲话很容易激动，当我努力控制自己、说不下去时，请你们原谅。

我不得不遗憾地告诉你们，我离开第8集团军的时刻来到了。我受命去指挥英国其他部队。

我实在很难把离别之情适当地向你们表达出来。我就要离开曾经和我一起战斗的战友。在艰苦作战与赢得胜利的岁月中，你们忠于职守的勇敢与献身精神，永远令我钦佩。

我觉得，在这支伟大的军队之中，我有许多的朋友。我不知道你们是否会想念我，但我对你们的思念，特别是回忆

① 摘自《著名军事家演讲鉴赏》，尹洪滨主编，山东人民出版社。

起那些个人的接触，以及路上相遇时愉快致意的情景，实非言语所能表达。

我们共同作战，从未失败过。我们共同所做的每件事，总是成功的。我知道，这是由于每个官兵忠于职守，全心全意合作的结果，而不是我一人之力所能做到的。正因为这样，你们和我彼此建立了信任。司令官与他的部队之间的相互信任是无价之宝。

我激动得说不出话，但我还是同你们说：第 8 集团军之所以有今天，是你们的功劳，是你们，使得它在全世界家喻户晓。因此，你们一定要维护它的良好名声和它的传统。

再见吧！希望不久又再见面，希望在这次大战的最后阶段，会再次并肩作战！

后 记

历时三载，数易其稿，《世界著名军事院校系列》丛书行将付梓。丛书包括《美国西点军校——开启将帅之门的钥匙》、《俄罗斯伏龙芝军事学院——通向将帅之路的桥梁》、《英国桑赫斯特皇家军事学院——领导者的摇篮》、《法国圣西尔陆军军官军校——将军的苗圃》等四本，分别介绍了四大著名军校的沧桑历史、办学风格、传统文化、特训课堂、名人名言等。

丛书编写组成员由后勤工程学院、南京炮兵学院、陆军航空兵学院、空军后勤部、蚌埠汽车士官学校、总装司令部等同志组成。编写人员大多是军校教员和军队教育工作者，本着“求真、求精、求新”的态度，对国内外浩如烟海的资料进行学习、翻译、消化，通过细致的梳理和提炼，剖析并总结这几所军校的历史轨迹、办学特色及发展规律，以飨读者。

在编写过程中，得到中国人民解放军军事科学院世界军事后勤研究部原副部长肖裕声少将和中国人民解放军后勤学院学术研究部研究员张连松大校的精心指导。同时，借鉴和参考了国防大学、解放军理工大学等单位的相关资料。尤其

是解放军理工大学，他们与外国军校的广泛交流为我们提供和掌握了较为翔实的材料。

书中引用的部分材料和图片，得到了广大作者的大力支持，给予便利，但仍有部分作者无法联系上，如有版权问题，请与编写组联系。在此，表示诚挚的谢意。

由于水平有限，书中难免有不妥、不正之处，恳请各位读者批评指正。

《世界著名军事院校系列》编写组

2014 年 4 月